共享金融
由中國掀起的共享創新

周婧玥 編著

引言

共享改變我們的生活

早在1978年，美國社會學教授馬科斯・費爾遜（Marcus Felson）和瓊・斯潘思（Joe L. Spaeth）所撰寫的論文《社區結構與協同消費：一個常規方法》中就首次提出「共享經濟」這一概念。

以前我們總是沒有顧忌地分享所有公共資源，如教室、運動場、公共交通工具等，但對於像臥室、家具、衣服等私人財產，卻總是和其他人劃清了界限。隨著社會經濟逐步發展，環境由短缺經濟開始過渡到過剩經濟，當人們對其所擁有的私有物品並不能充分使用時，「共享」意識便出現了。人們開始通過媒介交換，讓生活中的大部分閒置物品得到較充分使用。伴隨著「互聯網+」技術的迅猛發展勢頭，共享經濟已經得到全球各界專家、精英和市場共同關注，成為討論的熱點議題。習近平主席在2017年10月18日黨的十九大報告中也再次強調，需要在共享經濟領域培育新增長點、形成新動能。

經歷過爆發式增長和市場選擇、國家政策調控之後，目前中國「共享經濟」模式正在以更加合理的速度向各領域逐步滲透。中國信息中心分享經濟研究中心發布的《中國共享經濟發展年度報告（2019）》顯示，截至2018年年底，中國共享經濟市場規模和就業依然保持了較快增長，共享經濟市場交易額為29,420億

元，比上年增長41.6%；平臺員工數為598萬人，比上年增長7.5%；共享經濟參與者人數約7.6億人，其中提供服務者人數約7,500萬人，同比增長7.1%。同時，上市企業財報的數據分析顯示，在共享出行、共享金融、共享住宿、共享醫療、共享物流和共享知識技能這六大方面形成的經濟價值鏈中，金融領域的排名僅次於共享出行，淨利率超過20.0%。由此，伴隨共享經濟發展而延伸出的「共享金融」這一概念變得備受關注。

　　共享金融是一種通過雲計算、大數據、互聯網、移動互聯網等構築的現代信息技術平臺，是將閒置金融資源進行重新分配、交易的創新金融模式，其概念中「主要是由技術驅動」的特徵比較明顯。儘管一直以來金融行業都屬於傳統行業，但不同的時代，技術革命創新依然賦予其不同時代的生命力特徵。例如在電報發明以後，可用電報來做交易，出現了電報金融；在電話出現以後，又有過電話金融，比如買賣股票可以通過電話的方式下單。伴隨著互聯網技術的出現，納斯達克場外市場不再通過喊單的方式來交易，而是採用電子清算的方式，金融業務也不再局限於銀行等傳統金融機構的電子金融業務。如今，在共享經濟不斷滲透金融領域的背景下，金融又被賦予了共享的特徵，例如從國外的代表企業「Lending Club」「Prosper」和「Zopa」到 中國的「人人貸」這一類P2P網路借貸，以及「Kickstarter眾籌」「京東眾籌」等眾籌平臺，其實都是共享金融這個概念的體現。

　　目前所被人熟知的互聯網金融只是共享金融在當前網絡與信息技術發展中植入的一種更有利於其發展的具體手段。隨著金融科技的發展，中國消費金融也迅速發展，互聯網金融這種將線下融資單純平移到線上融資的模式已經無法涵蓋金融共享理念所及範圍。共享金融模式因為覆蓋三個層面（第一個層面是居民、非金融企業、機構等金融資源個體之間的共享；第二個層面是金融資源個體與金融機構之間的共享；第三個層面是金融機構之間的共享）而使其具備更加深入與長

期的特徵。

因此，共享金融在未來會有更加多樣與廣泛的方式並成為常態。同時，由於共享金融的核心內涵是通過現代信息技術手段將資金所有權與使用權多渠道分離，構建出多層次金融供給機制，把社會金融資源及時有效地進行供求匹配，最終成為社會拉動經濟增長的新方式。

如今，在互聯網和信息技術革命的推動下，涉及共享經濟概念行業的經營者已達8,000萬人。即便是這樣的市場體量，中國的「共享」概念市場仍舊有很大的潛力。而由共享經濟發展孕育出的共享金融這一分支，同樣成為金融業態的大勢所趨，這一創新模式正逐步登上風口。已經出現的P2P網絡借貸、眾籌等模式為傳統金融機構和互聯網金融平臺如何在「互聯網+」時代的背景下完成共享金融的佈局扮演著先驅的角色。儘管存在著共享金融還處於發展的初步階段，經營企業由於缺少自律而出現部分違規操作；國家的行業監管以及相關法律法規還沒有徹底完善；行業的專業知識教育沒有跟上時代的步伐等一系列的不足，導致共享金融領域的供、需和監管三方面出現信息不對稱，不合規P2P問題平臺逐步離場。但我們也需要認識到共享金融作為一種新型金融創新模式，在實現社會的金融普惠性、破解社會主要矛盾與構建人類命運共同體方面均發揮著重要作用，是向著「良性金融」和「社會經濟穩中向好」的美好目標邁進的重要路徑。

在共享經濟的時代，共享金融到底能給我們的生活帶來何種影響？共享金融將以哪些金融模式運用到金融行業中去？共享金融如何才能在未來金融行業中擔負起巨任？基於以上問題，本書系統性地闡述了共享金融的方方面面：首先結合共享金融模式的發展現狀與企業經典案例提煉分析其潛在風險；其次結合國外監管經驗提出建議；最後總結未來發展趨勢。

本書內容分為三大部分共六章內容，既回顧了過去，總結了現狀，也展望了未來。

第一章主要是針對那些在過去幾年裡對「為什麼共享金融這個概念會出現」存在疑問的讀者，主要論述了共享經濟衍生出共享金融的基礎，對於共享金融觀點的發展過程及其發展存在的重要意義進行了討論。

　　第二章主要闡述共享金融這一理念及其屬性，同時為了更好地讓讀者去理解什麼是「共享金融」，還將同為熱點的互聯網金融、普惠金融和共享金融進行了對比，從社會發展需求特徵的視角去探討發展共享金融的可行性。

　　第三章深入探析了基於不同目的產生的主要共享金融模式，其中包括「共享+P2P網絡借貸」「共享+眾籌」「共享+消費金融」「共享+保險」「共享+供應鏈金融」五大模式，讓讀者瞭解金融行業的發展趨勢。

　　第四章通過對目前國內最具代表性的共享金融企業案例進行分析，從當前金融機構、企業的經營中去瞭解共享金融具體各模式的運行情況。

　　第五章主要闡述共享金融作為一種金融新業態，在發展過程中與創新相伴相生所存在的風險，通過分析國外監管經驗，給出與相關監管有關的針對性建議。

　　第六章主要是對共享金融的未來發展趨勢提出展望。

　　本書雖然做了大量基礎性研究工作，但面對共享金融這樣一個還處於初始發展階段、伴隨互聯網技術飛速發展的新事物，現階段成果依然不夠全面且存在不足。希望本書能給讀者帶來啓發，為今後更深入的研究提供一個基礎。歡迎各位讀者批准指正。

周婧玥

目錄

第一部分　共享金融——共享經濟滲透下的全新領域

第一章　從共享經濟到共享金融　／003
  第一節　什麼是共享經濟　／003
  第二節　共享經濟的實現　／007
  第三節　從共享經濟到共享金融　／012

第二章　共享金融，新金融的崛起　／018
  第一節　互聯網的誕生、金融市場的變遷　／018
  第二節　何為共享金融　／027
  第三節　「微、眾、簡」時代　／032
  第四節　共享金融的可行性　／040

第二部分　共享金融——未來金融業將如何發展

第三章　「共享+金融」，重塑金融生態圈　／057
  第一節　共享金融的構建基礎　／057

第二節 「共享+P2P 網絡借貸」　 / 068

第三節 「共享+眾籌」　 / 077

第四節 「共享+消費金融」　 / 086

第五節 「共享+保險」　 / 098

第六節 「共享+供應鏈金融」　 / 106

第四章　共享金融典型企業案例　 / 116

第一節 案例一:「積木盒子」——著力打造用戶體驗的網絡借貸平臺　 / 116

第二節 案例二:「多彩投」——眾籌也有大空間　 / 119

第三節 案例三:「京東消費金融」——場景為王　 / 122

第四節 案例四:「眾安保險」——「雲上」的保險公司　 / 124

第五節 案例五:「信美相互」——從「相互保」迴歸互助　 / 127

第六節 案例六:「蘇寧」供應鏈金融——全維度打造「產業+金融」產品　 / 129

第三部分　未來依然任重而道遠

第五章　共享金融的風險與監管　 / 135

第一節 共享金融的主要風險　 / 135

第二節 來自國外的監管經驗　 / 140

第三節 共享金融的監管建議　 / 142

第六章　共享金融的未來發展　／147

　　第一節　金融數據共享程度不斷提高　／147

　　第二節　金融科技助推共享金融發展　／149

　　第三節　共享金融愈加場景化且垂直細分化　／151

　　第四節　線上線下的融合日益緊密　／153

主要參考文獻　／155

第一部分

共享金融
——共享經濟滲透下的全新領域

共享金融
由中國掀起的共享創新

> 第一部分：共享金融——共享經濟滲透下的全新領域

第一章　從共享經濟到共享金融

第一節　什麼是共享經濟

　　2008年全球金融危機的餘波還未散盡之時，「Airbnb」（愛彼迎，高品質民宿短租）橫空出世，2009年「Uber」（即時出行乘車服務）宣布成立，這兩家公司很快便對數百年一成不變的酒店業和出租車業粗放的經營模式帶來了革命性的改變。「全球規模最大的酒店，自己卻沒有一個房間」「全球數量最大的出租車公司，並沒有一輛自己的車」已被作為「共享經濟」領域最經典的代表廣為流傳。但是我們是否認真思考過共享經濟是什麼？社會為什麼突然會產生如此巨大的變革？

　　回想在30多億年前的地球上，最初的生命起源於海洋，由於地球的自然環境不斷變化，各類生物也隨之不斷產生變異。適應是生物與自然相處的特有能力，也是長期自然選擇的必然結果。正如我們所熟知的昆蟲，當它處於高大茂密的森林之中時，為了生存，它需要改變自身的身體構造，只有具備飛翔的能力，才能在廣闊的天空翱翔，成為當時地球上無與倫比的優勢物種。於是翅膀的萌芽其實就是胸背的側突，這些胸背側突通過自然選擇不斷進行更適應外部環境的形態累積，通過無數代的演變最終演化成能夠自由飛翔的翅膀，使其繁榮昌盛，成為動物最大族群。生物與環境的自然選擇關係是相互的，環境作用於生物，生物又反作用於環境，兩者相輔相成。其中複雜的相互作用及其伴隨的適應性特徵，是通過自然選擇和適者生存法則形成的，是適應性進化的表現。生物如此，人類社會也是如此。

　　7萬年前開始的認知革命，讓智人開啟了交談思考新方式。大部分學者認為

是偶然在 DNA 上一些較小的突變使智人大腦原先分離的兩個部分連接到了一起，大腦內部結構的改變導致了認知能力的變化。讓他們開始了以前所未有的方式來思考，用完全新式的語言來溝通。而後大約 1 萬年前，隨著人類數量不斷增加，為了能夠獲取足夠的食物滿足生產，農業革命拉開序幕。從日升到日落，人類忙著播種、澆水、除草、牧羊，付出只為收穫更多的水果、穀物和肉類。可以說農業革命為人類第一次跑贏生存游戲提供了最基本的條件。在相對解決溫飽這種生存基礎難題後，人類開始有時間和機會去探索溫飽之外的發展問題，終於有人可以將時間投入到發明新東西上，也因此迎來了近代歷史上的多次重大科技革命。18 世紀末，蒸汽機的發明和使用引起了第一次科技革命；19 世紀末，電力的發現和使用引起了第二次科技革命；第二次世界大戰結束後，又先後出現了電腦、能源、新材料、空間、生物等新興技術，引起了第三次科技革命；而距離我們最近的一次科技革命是以大數據、智能製造和無線網絡為代表的科學技術的發展。這是一次幾乎滲透世界各個角落的科技革命，它加快催生了新一輪的產業變革。正如前面所述，人類與社會發展的自然選擇關係是相互的，人類不斷影響著社會的發展進步，而社會的發展進步又反作用於我們人類，共享經濟也就在這樣一種相輔相成的變革中誕生了。

共享經濟這種改變我們營銷模式、生活方式、工作方式，同時也改變、創造了經濟方式的顛覆式理念並不是一夜之間的突發奇想，其商業模式營運也並非中國首創。在眾多研究共享經濟的著作中，觀點比較一致的都提到，現代意義上的共享經濟理念可以追溯到 1978 年。美國社會學教授馬科斯・費爾遜和瓊・斯潘思發表了論文《社區結構與協同消費：一個常規方法》，文中首次提出「協同消費」的概念，認為人們需要的是產品使用價值，而非產品本身，租用比購買更加實惠。但在當時，這種協同或者共享還不是在互聯網基礎上的實踐。而 1986 年，馬丁・威茨曼在《分享經濟：用分享制代替工資制》一書中，第一次提出以互聯網為依託，把人與人之間的種種需求緊緊相連、處處分享，已經成為一種新的經濟模式並不斷成長。的確，伴隨互聯網技術的不斷發展與商業化，共享經濟實踐從虛擬領域起步，比如在線音樂、文件分享、維基百科等，到 20 世紀 90 年代

末期，觸角開始向實體領域延伸。

2008年，美國金融次貸危機爆發，許多人面對失業壓力和收入縮水，紛紛通過將家中的閒置資源出租的方法來增加收入。共享經濟鼻祖——羅賓・蔡斯（Robin Chase）也是在這樣的背景環境之下於2000年創立了Zipcar公司（以下簡稱「Zipcar」），同時這也代表著共享經濟進入了迅速發展的階段。Zipcar在當時實際是一家分時租賃互聯網汽車共享平臺，它主要選擇設立在美國人口密集的大城市，人們按小時或天租車，而不需要自己有車，可以在線上下訂單，以無線傳輸的方式將訂單信息傳給汽車，然後打開汽車。公司設計的人性化計費系統，既可以按照天數也可以靈活根據使用小時計費。汽車使用完畢的最後，租借車輛者只需要把車輛歸還到最初預定的停車位即可。在這樣的運行模式下，Zipcar現在已經成為全球最大的租車公司。

創始人羅賓・蔡斯將Zipcar的成功歸於三個因素：

第一，利用過剩產能。現在人們想有一輛車有很多方法。首先可以買一輛車，一年花費通常為9萬美元左右，占一般普通美國人收入的18%。但實際有95%左右的時間汽車都被閒置。其次也可以選擇租車，按天數或按小時來租用，實際上，汽車在被租用期間，也還有時間處於閒置狀態。

第二，利用平臺把交易過程變得快速和簡單，將核心放到用戶手中。

第三，把用戶看成合作夥伴。傳統租賃模式，事實上仍存在諸多不便。對租車公司而言，擔心用戶對汽車造成一定損害；對於用戶而言，在官方平臺看到的租賃價格，但實際去到櫃臺卻被推銷各種各樣的套餐，添加其他服務費，相互產生不信任感。而Zipcar共享租車模式，是讓用戶自己檢查車，給予對方足夠信任空間。

羅賓・蔡斯還在其撰寫的《共享經濟》一書中為我們提煉出共享經濟模式建立的三個理論基礎，如圖1-1所示，即「過剩產能+共享平臺+人人參與」。我們在之前提到的「Uber」和「Airbnb」的成功，也都基於具備了以上三個方面的資源。

發展到現階段，共享經濟的實踐者，The People Who Share的創始人，梅

```
過剩產能 + 共享平臺 + 人人參與
                    ↓
                  共享經濟
```

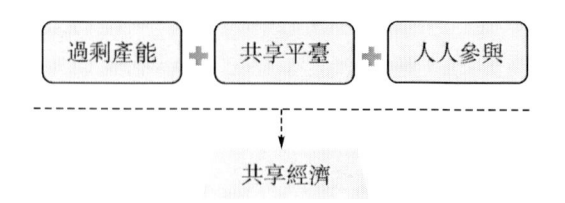

圖 1-1　共享經濟三大理論基礎

塔・夫斯卡（Benita Matofska）提出共享經濟也被稱為點對點經濟（Peer to peer economy），是個人、組織或者企業通過社會化平臺分享閒置實物資源或認知盈餘，以低於專業性組織者的邊際成本提供服務並獲得收入的經濟現象，是通過租賃形式代替購買以及它是資產所有權和使用權相分離的形態。共享經濟權威專家阿魯・薩丹拉徹（Arun Sundararajan）在《分享經濟的爆發》一書中還特別強調，共享經濟的資本和勞動力都來自去中心化的人群個體，而不是來自企業或者政府組織；商品或服務交易的預期取決於分散群體的市場行為、意願，而不是中心化的第三方組織。

此後，西方學者雷切爾・博茨曼和路・羅杰斯在《在共享經濟時代》一書中指出，共享經濟是利用互聯網技術使消費者可以通過合作的方式來和他人共享產品、資金和服務，而無須持有產品、資金和服務的所有權。使用但不擁有，分享替代私有。很顯然提到的資金部分和金融密切相關，共享金融是包含在共享經濟領域中的。

因此我們可以理解為，共享經濟本質是通過整合線下的閒散物品或服務者，讓他們以較低的價格提供產品或服務。對於供給方而言，主要是通過在特定時間內讓渡物品的使用權或提供服務來獲得一定的金錢回報；對需求方而言，想要的並不是物品的所有權，而是通過租、借等共享的方式能夠使用物品。並且由於供給方提供的商品或服務是閒散或空餘的，而非專門為需求方提供，所以傳統的供給方也在從商業組織形式轉變成線下的單獨個體。

第一部分：共享金融——共享經濟滲透下的全新領域

第二節　共享經濟的實現

從工業時代發展到如今的「互聯網+」時代，互聯網與移動設備應用經歷了爆發式的成長和普及，從使用的黏性度來看，其絕對人數和利用時間已經遠遠超過電視、廣播、書籍和報紙雜誌等傳統媒介，人們生活中的消費行為也伴隨著互聯網技術的不斷發展、革新在不知不覺中發生了變化。

媒體傳播諮詢公司「We are social」和「Hootsuite」共同在2019年年初發布了針對全球互聯網、數字和移動設備使用的統計數據報告——《2019年全球數字報告》表示，在過去一年裡，互聯網用戶人數激增，每天首次有超過一百萬人新用戶上網。如圖1-2所示，自2018年1月以來，截至2019年1月，全球獨立移動用戶總計51.1億，相較去年增加了2%（1億用戶）；全球互聯網用戶的總人數為43.9億，比2018年1月增加9%，已經約占世界人口總數的57.9%；當中又有總計34.8億的社交媒體用戶，並且其中有32.6億用戶是在移動設備上使用社交媒體。同時，報告還提到，自2014年報告以來，全球互聯網用戶數量增長了19億多，僅僅5年就增長了75%以上。如果同2012年1月首次發布的《全球數字報告》中20.8億用戶來對比，當前全球互聯網用戶總數也已經增長了兩倍多。從地域分佈上來看，到2019年1月，全球依然是北美洲的互聯網普及率最高，達到95%，亞洲地區也依然是位於東亞地區的中國、日本和韓國互聯網普及率最高，達到60%。在互聯網的使用人數上，東亞地區占比最高，有60%的用戶來自這裡。如圖1-3所示，從報告中我們還能看到截至2019年1月，中國互聯網用戶已經超過5億人數，相較去年增長6.7%，僅次於印度的9.7億用戶人數，並且平均每天使用互聯網的時間接近6小時。報告中的這些年度增長數字已經令人印象深刻，如圖1-4所示，還可以看到在這次統計全球電子商務網站瀏覽量排名裡，中國平臺的代表性尤為突出，四家企業（平臺）躋身前10位，分別是「百度」「騰訊QQ」「淘寶」和「天貓」，特別值得強調的是，就全球流量而言，「淘寶」和「天貓」的排名均已高於美國的「亞馬遜」。

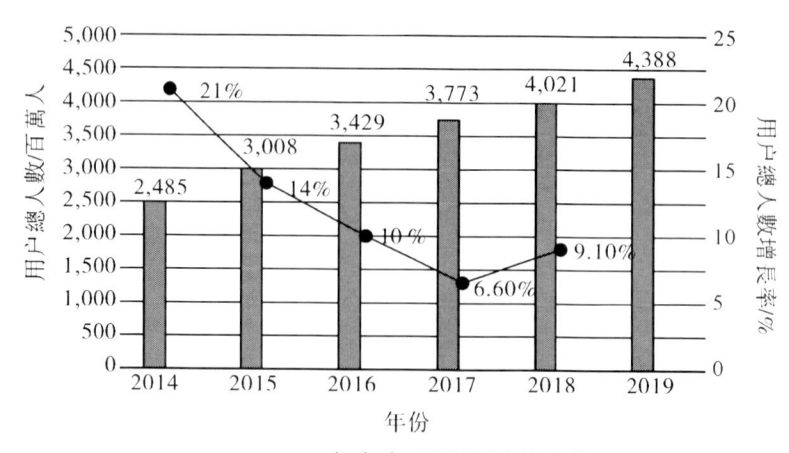

图 1-2 2014—2019 年全球互聯網用戶總人數情況

數據來源：We Are Social 和 Hootsuite 公司的《2019 年全球數字報告》。

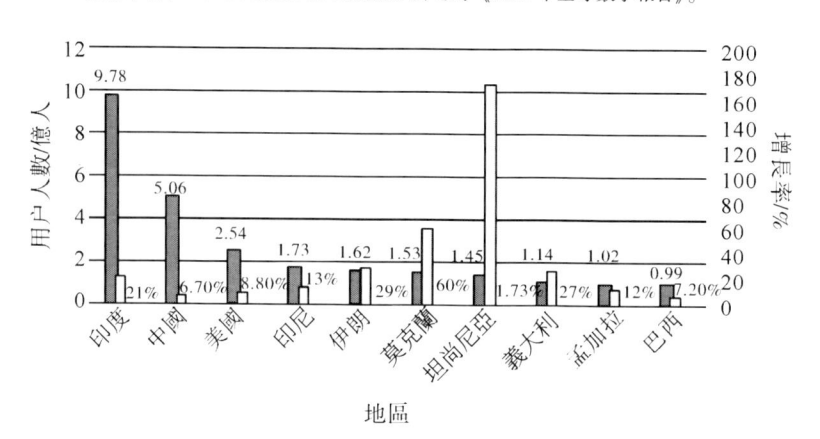

圖 1-3 2019 年 1 月全球互聯網用戶人數情況

數據來源：We Are Social 和 Hootsuite 公司的《2019 年全球數字報告》。

此外，「80後」「90後」逐漸成為消費市場的中堅力量，人們的消費觀念也

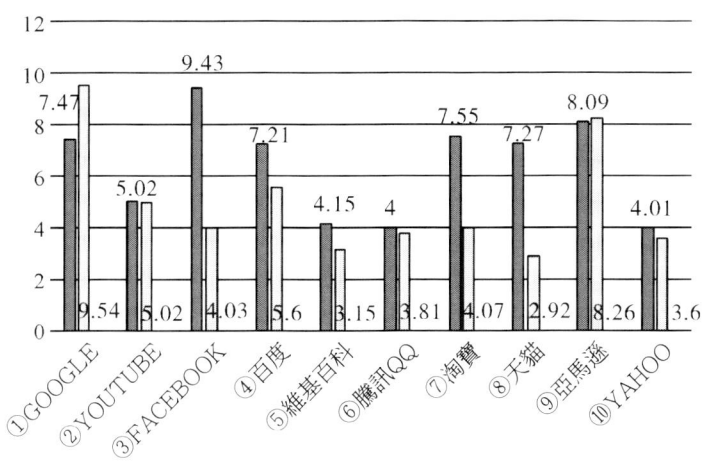

第一部分：共享金融——共享經濟滲透下的全新領域

图 1-4 2019 年 1 月全球商務網站訪問量前 10 位情況

數據來源：We Are Social 和 Hootsuite 公司的《2019 年全球數字報告》。

開始發生變化，不同於老一輩對所有權的極度重視，當前人們更加關注資源的使用價值。「使用」代替了「佔有」，從專注所有權轉變為在乎使用權和體驗感，從標準化消費轉變為個性化消費，從保守型消費轉變為超前型消費。這種「消費者」變成了「使用者」和「分享者」的趨勢，體現了人們對精神追求、自身健康、知識技能和服務體驗的需求度增加。而這種觀念的轉變恰好得以讓共享經濟充分發揮其優勢並得以實現。因此，簡單來說，共享經濟具備以下優勢：

第一，資源只是使用權的臨時性轉移。共享經濟將個體所擁有的作為一種沉沒成本的閒置資源進行社會化利用。更通俗的說法是，共享經濟提倡「租」的形式而不是「買」。物品或服務的需求個體通過共享平臺找到資源，並在約定時間期限裡從供給個體那裡獲得使用權，相對於購買而言，能夠以較低的費用完成使用目標，然後再移轉給其所有者。

第二，提高利用效率，零邊際成本成為可能。正因為共享經濟形式是「租」而不是「買」，通過將獨立個體的閒置資源或者服務在一個租期結束後再次易

手，使用權重複性地轉讓給其他個體需求者，這種「網絡串聯」形成的分享模式幫助人們可以在趨於零的邊際成本條件下合作與生產、消費並共享商品與服務，實現利益的合理再分配。這裡提到的「零邊際成本」來源於西方經濟學中的邊際成本（Margin Cost）——MC。邊際成本（MC）所指每增加一單位的產量所需要增加的總成本。其公式一般表示為：MC = △TC/△Q。

其中 TC 表示總成本，Q 表示產量，△表示其變量。

通過公式可以發現，我們每多轉讓一次商品或者服務，商品或者服務所帶來的總成本就是在逐次遞減趨近於 0。

即△Q 變化時，△TC 趨近於 0，MC 也趨近於 0。

第三，人人皆可以參與。共享經濟模式下，資源供給者和需求者的角色可以隨時轉換，且商品或服務的供應者和消費者的邊界線也相對模糊。也就是說，當你有閒置資源的時候，你可以扮演供給者，同時你也可以去尋找所需資源的供給者。它讓買賣雙方都讓位於產消者，產權讓位於資源共享，所有權讓位於使用權。

第四，去中心的點對點信息交互。共享經濟是借助互聯網技術作為信息平臺，實現網狀點對點分享。據「We Are Social」和「Hootsuite」發布的 2019 年數字報告顯示，全球互聯網用戶有 43.88 億人，其中有 34.84 億人活躍在社交媒體上。共享平臺的發展與價值隨著參與者的加入和分享的增多呈指數級增長。

第五，基於平等和自願的原則。共享關係不管是建立還是解除都非常簡單。正因為是對等關係，而不是公司、企業的從屬關係，所以沒有像解除某種公司雇傭合同或者交易合同那樣程序複雜。共享關係的建立或者解除，其關鍵影響因素是體驗和參與感。

基於以上五方面的優勢，結合艾瑞諮詢 2017 年發布的《2017 年中國共享經濟行業及用戶研究報告》來看，如圖 1-5 所示，縱觀國內外共享經濟發展情況，兩者均相繼經歷了萌芽、起步和快速成長的階段。相較而言，中國市場的啓動相對慢一些，落後國外市場 2~3 年時間，基本是在 2009—2012 年才開始逐步湧現，其中有大家熟知的「滴滴出行」「途家」「餓了麼」「人人貸」和「小豬短租」等。在經歷了三年左右的起步探索後，從 2013 年開始發力，數據顯示截至 2018

年年底，中國共享經濟參與者人數約 7.6 億人，參與提供服務者人數約 7,500 萬人，同比增長 7.1%。平臺員工數為 598 萬人，同比增長 7.5%。

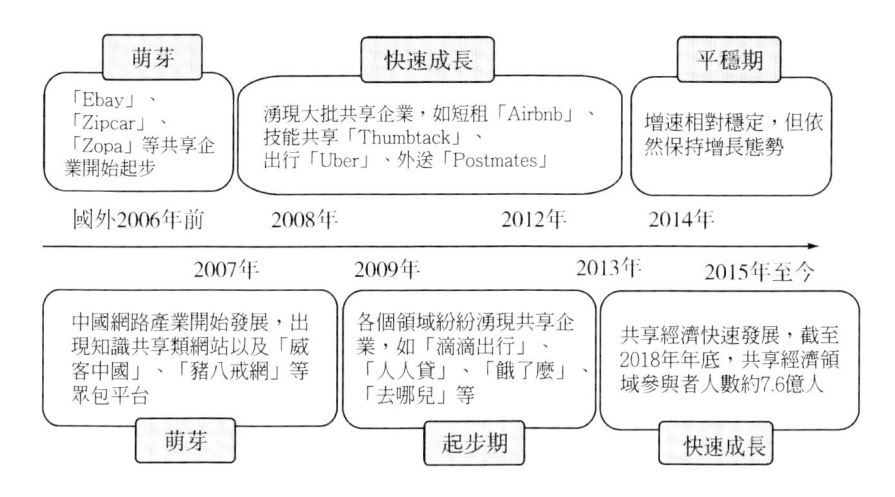

```
萌芽                    快速成長                  平穩期
「Ebay」、              湧現大批共享企業，如短租「Airbnb」、    增速相對穩定，但依
「Zipcar」、            技能共享「Thumbtack」、              然保持增長態勢
「Zopa」等共享企         出行「Uber」、外送「Postmates」
業開始起步

國外2006年前    2008年         2012年        2014年
──────────────────────────────────────────────→
        2007年         2009年        2013年      2015年至今

中國網路產業開始發展，出    各個領域紛紛湧現共享企    共享經濟快速發展，截至
現知識共享類網站以及「威    業，如「滴滴出行」、      2018年年底，共享經濟領
客中國」、「豬八戒網」等    「人人貸」、「餓了麼」、  域參與者人數約7.6億人
眾包平台                   「去哪兒」等

    萌芽                   起步期                    快速成長
```

圖 1-5　國內外共享經濟領域發展情況對比

數據來源：艾瑞諮詢《2017 年中國共享經濟行業及用戶研究報告》。

接下來隨著大數據、雲計算、人工智能等新一代信息技術的蓬勃發展，針對這種人人能夠參與且數量龐大的供需雙方進行更加迅速、高效地匹配的相關應用也在共享經濟各領域不斷深化，推動著共享經濟技術革新。一方面，新一代信息技術的快速發展在推進共享資源最優化配置的基礎上，優化了產品功能，提高了服務質量，例如通過大數據分析得出用戶的潛在需求、基於智能算法為用戶進行個性化推薦等；另一方面，新一代信息技術為用戶的使用安全帶來了保障，例如通過環境檢測系統採集的數據去分析用戶使用過程中的安全隱患、通過信息安全系統的開發去保護用戶的個人信息等。共享經濟已經完成在中國市場的實現，且影響日益廣泛，涉及領域越來越寬泛。

第三節　從共享經濟到共享金融

互聯網技術不斷進步催生下出現的共享經濟，一方面改變了人們的出行，為人們的日常生活增添色彩；另一方面給傳統經濟注入了新的活力。此外，共享經濟在一定程度上緩解了就業壓力，孕育出的低成本、高效的生產方式，為社會提供了新的經濟增長點。2018年，國家信息中心分享經濟研究中心發布了中國共享經濟市場、環境和影響等方面的相關統計數據。如圖1-6所示，中國共享經濟的市場規模2015年為1.95萬億元，經過兩年時間的高速增長，截至2017年年底，中國已經形成具有49,205億元規模的共享經濟市場，並保持47.2%的高速增長。

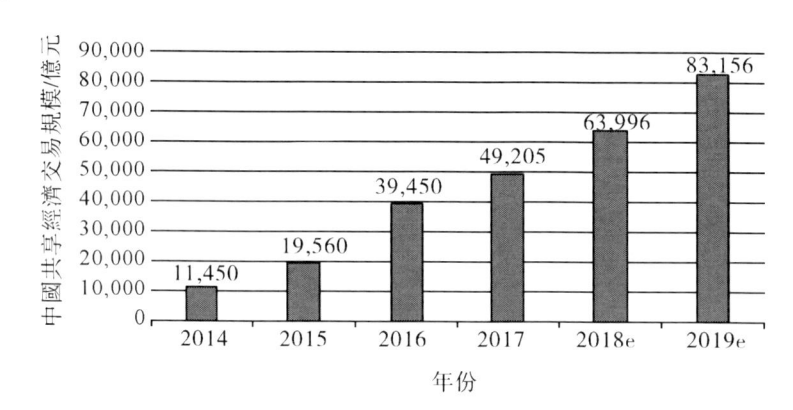

圖1-6　2014—2019年中國共享經濟交易規模（2017年之後為預測數據）

數據來源：國家信息中心分享經濟研究中心。

此外，共享經濟拉動就業成效顯著，助力實現包容性增長。如圖1-7所示，中國參與共享經濟活動的人數從2015年的5億人到2018年年底已經超過了7億人，其中參與提供服務者人數也超過了7,000萬人。並且隨著行業監管政策的落地以及行業洗牌的結束，市場規模會持續穩定增長，根據有關部門預測，未來3

第一部分：共享金融——共享經濟滲透下的全新領域

年，預計中國共享經濟仍將保持年均 30% 以上增速，到 2020 年中國共享經濟的市場規模將會占據 GDP 總額的 10%。

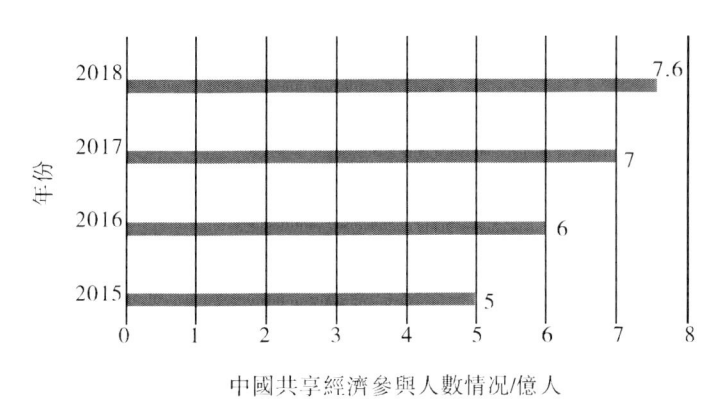

```
2018 ──────────────────────── 7.6
2017 ─────────────────────── 7
2016 ─────────────────── 6
2015 ────────────── 5
     0   1   2   3   4   5   6   7   8
         中國共享經濟參與人數情況/億人
```

圖 1-7　2015—2018 中國共享經濟參與人數情況

數據來源：國家信息中心分享經濟研究中心。

之前「Uber」和「Airbnb」兩只預料之外的獨角獸崛起讓「共享經濟」一詞成為熱門詞語，作為共享經濟最具代表性的兩家企業，「Uber」和「Airbnb」分別為出租車業和酒店業帶來了革命性的改變，讓人們看到了共享經濟在未來的巨大潛力，也給傳統租車業和酒店業帶來了前所未有的競爭壓力，而且這種利用人們業餘實際和空間的意識崛起，不會僅僅在酒店業和出租車業引發變革。

全球共享經濟權威——阿魯·薩丹拉徹在解釋共享經濟這種新興經濟模式時，認為共享經濟是借助創新平臺的手段，高度以市場為基礎，將設施、技能和金錢等的商品價值發揮到最大，具有群體網絡結構，而非中心化或層級化結構，強調共享特點在於去中心化的群體行為，以更低成本和更高效率實現社會中各類資源的供需匹配。如今不僅僅是獨立個體，越來越多的機構、企業也借助互聯網技術在共享經濟中找尋商機，通過各種形式組織整合社會資源，大大提升資源利用率，大幅度減低社會成本。各種各樣供需類型的共享經濟平臺如雨後春筍般蓬勃發展，龐大的共享經濟業態已經逐漸形成，比如共享快遞櫃、共享籃球、共享紙巾、共享健身倉甚至共享充電寶，已經對我們每個人的交通出行、資金融通、

物流配送、醫療服務等生活方式產生與日俱增的影響，因此也常常成為人們茶餘飯後的談資。

可以說，持續幾百年的傳統消費觀念的轉變，推動了整個社會各行業傳統模式的改變，在原基礎上衍生出共享模式，使共享經濟模式在各領域、各角度多元化發展，從高效化、合理化、優質化和個性化等方面去滿足消費者市場需求。

在短短不到10年的時間，中國共享經濟從萌芽到快速成長，是信息化高速發展的產物。在成為全球共享經濟創新者和引領者的同時，也是新常態下中國經濟轉型發展的突出亮點。如圖1-8所示，目前遍地開花的局面已經構成一個龐大的共享經濟領域家族，主要由共享金融、共享出行、共享住宿、共享知識技能、共享醫療、共享生活服務和共享生產能力七大分領域組成，其中不乏我們耳熟能詳的知名企業機構，如「人人貸」「途家」「小豬短租」「知乎」和「餓了麼」，等等。如圖1-9所示，截至2017年年底，全球224家獨角獸企業中有中國企業60家，其中具有典型共享經濟屬性的中國企業31家，占總數的51.7%，其中有17家中國企業是在2017年記入的該榜單，可謂是強勢崛起。而其中「滴滴出行」「美團」「陸金所」和「今日頭條」四家企業的市場估值已經超過100億美元。

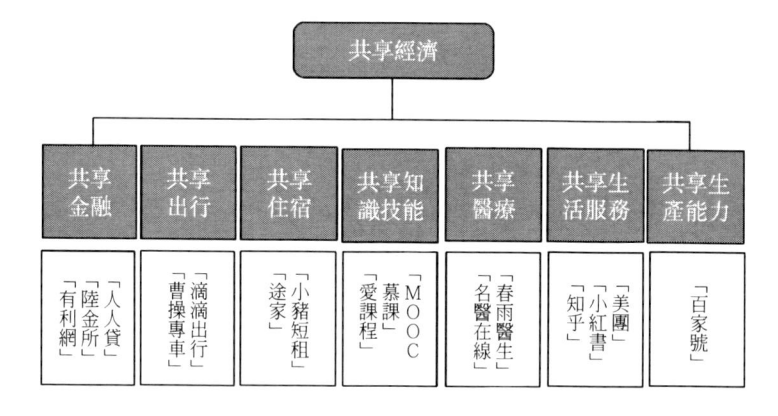

圖1-8　中國共享經濟領域分佈情況

資料來源：公開資料整理。

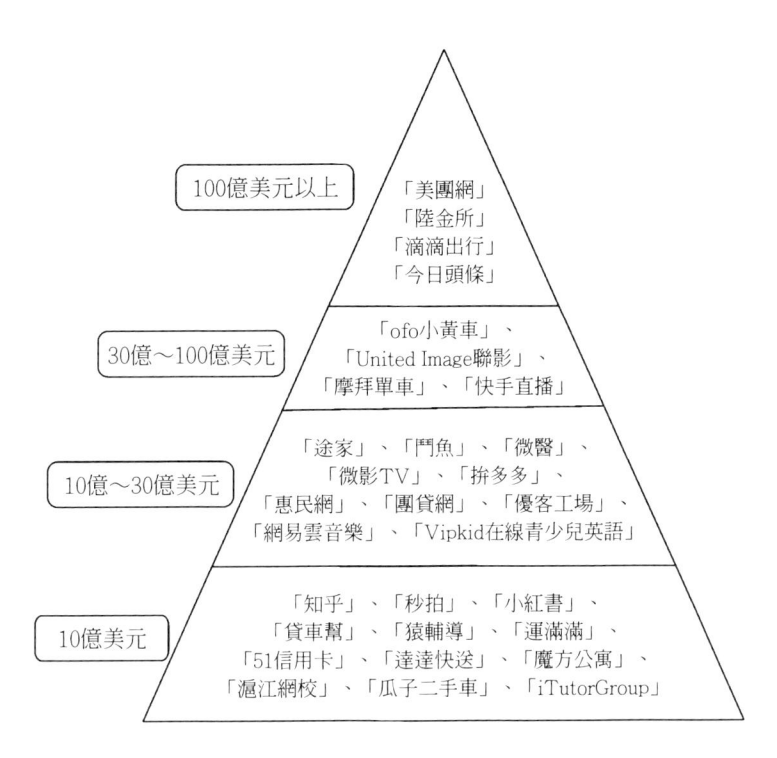

> 第一部分：共享金融——共享經濟滲透下的全新領域

```
                    /\
                   /  \
     100億美元以上 /「美團網」\
                /「陸金所」  \
               /「滴滴出行」    \
              /「今日頭條」      \
             /――――――――――――\
            /「ofo小黃車」、      \
   30億～100億美元「United Image聯影」、\
          /「摩拜單車」、「快手直播」    \
         /――――――――――――――――\
        /「途家」、「鬥魚」、「微醫」、       \
       /「微影TV」、「拼多多」、             \
  10億～30億美元「惠民網」、「團貸網」、「優客工場」、\
     /「網易雲音樂」、「Vipkid在線青少兒英語」    \
    /――――――――――――――――――――\
   /「知乎」、「秒拍」、「小紅書」、                \
  /「貨車幫」、「猿輔導」、「運滿滿」、              \
 10億美元「51信用卡」、「達達快送」、「魔方公寓」、     \
 /「滬江網校」、「瓜子二手車」、「iTutorGroup」         \
/――――――――――――――――――――――――\
```

圖1-9　中國共享經濟領域獨角獸企業及其估值

資料來源：國家信息中心分享經濟研究中心。

　　共享經濟不僅僅是商業模式的創新，更是社會技術基礎的變化和各細分行業技術發展相結合的創新。從前面共享經濟領域分佈中我們可以看出，共享金融的理念是伴隨著共享經濟的發展應運而生的。但在「共享金融」這一概念出現之前，它的前一階段——互聯網金融已經被國內社會所熟知。

　　清華大學五道口金融學謝平教授在所撰寫的《互聯網金融九節課》一書中闡述過，互聯網金融（ITFIN）不是互聯網和金融業的簡單結合，而是一個譜系概念，涵蓋因互聯網技術和意識流，從傳統商業銀行、證券、保險、投資銀行等所有金融機構和金融市場到無金融仲介如民間借貸等的所有金融交易及組織形式，具體是指傳統金融機構與互聯網企業利用互聯網技術和信息通信技術實現資金融通、支付、投資和信息仲介服務的新型金融業務模式。它本身是依託移動等互聯網技術的發

展，當人們的生活行為意識及習慣因接受電子商務而產生變化後，自然而然為適應新的需求而出現的產物。如圖1-10所示，互聯網金融萌芽發展的趨勢和共享經濟本身就很一致，因此在「Uber」和「Airbnb」具有代表性的共享物品出現之後，共享模式成為眾多創業者的重要選擇，因此已經與互聯網接軌的金融行業迅速成為人們鎖定的一塊大蛋糕，共享經濟這一理念也就迅速滲透金融行業，形成又一個全新領域——共享金融。正是因為共享金融的出現，市場上的融資行為變得更加靈活，才使得共享經濟得以更快地滲透更多不同的領域，讓更多的創業者在足夠的資金作為後盾的前提下，有能力去抓住機會、不斷創新。

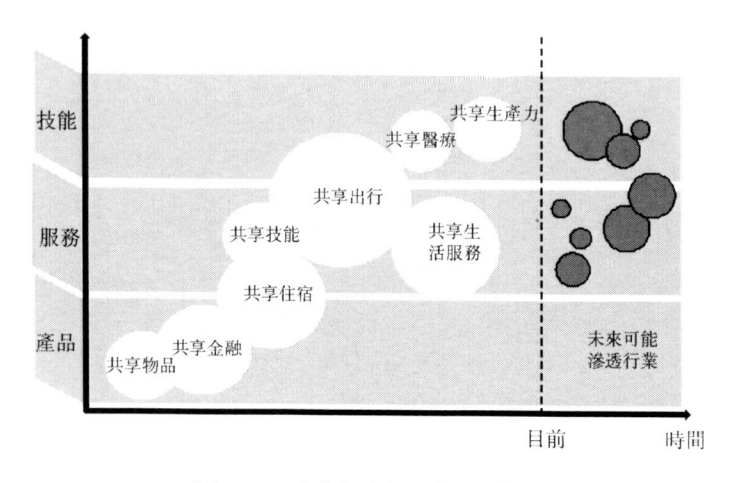

圖1-10 共享經濟領域滲透趨勢圖

實際上，根植於共享經濟的共享金融，早已融入我們的經濟生活中，成為不可或缺的一部分。目前，金融領域的互聯、共享日漸普遍。各種投資模式的興起，讓金融產品在一定基礎上植入共享的優勢，提升在市場上的競爭地位。共享金融的發展分為三個階段：一是解決利潤分配問題的共享經濟階段；二是融合互聯網技術的過渡階段；三是緩解傳統金融模式弊端的共享金融階段。

金融在任何時代、任何發展階段都離不開經濟，換言之，金融是經濟的一部分，共享經濟的發展應用滲透各個領域，金融領域自然也就成為理所當然。當閒置的物品、知識、技能等資源共享至網絡平臺時，追逐的終極目標依然是實現其

第一部分：共享金融——共享經濟滲透下的全新領域

價值最大化。植入互聯網技術，就形成了互聯網金融，互聯網金融儼然成為共享金融升級的表現形式。根據相關報告統計，如圖1-11所示，中國2017年共享金融領域交易額依然超過共享經濟總額的50%，約為28,264億元，相較上一年增長35.5%，但占總規模的比重則從上年的62.4%下降到57.4%，下降了5個百分點；對應地，非金融共享領域交易額為20,941億元，相較上一年增長66.8%，占總規模的比重從上年的37.6%上升到42.6%，上升了5個百分點，以此可以看出共享金融在整個共享經濟生態業中已經占據最主要的地位。

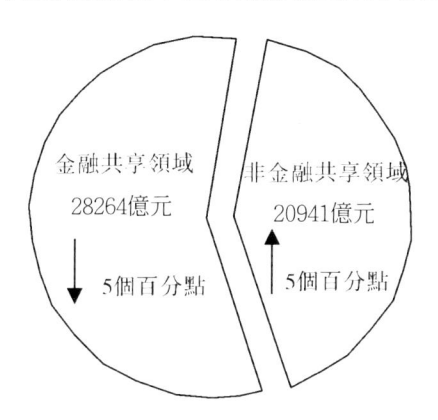

圖1-11 2017年中國金融共享領域與非金融共享領域對比情況

數據來源：國家信息中心分享經濟研究中心。

隨著第四次科技革命的開啓，我們應該意識到並不是對於當時最具有適應能力的我們，而是說具備更大的進化優勢和進化能力的我們，才有可能在未來獲得長遠的成功。因此，隨著無人駕駛技術、區塊鏈技術的成熟，將會對共享經濟的發展進行加速驅動，為共享經濟發展提供新的方向，進一步降低共享的交易成本；而無論是共享經濟的蓬勃發展，還是金融行業的人工智能化，都表明共享金融已經在人們生活中扮演著重要角色。但是，無論是從推動經濟增長新動能、協助國家完成產業轉型升級，還是從滿足市場消費者巨大的潛在需求來看，共享金融的作用遠遠沒有充分釋放，它會為金融的自我完善與創新指引新的方向，在改變人們金融生活習慣的同時，也在逐漸重塑整個金融生態圈。

第二章　共享金融，新金融的崛起

第一節　互聯網的誕生、金融市場的變遷

在過去一百年時間裡，人類獲取信息的方式隨著技術革命的不斷進步，已經從最初的牆貼公告欄、報紙雜誌到廣播、無線電臺、電視，再轉變為互聯網和移動互聯網。如今的地鐵、公車站、商場或者餐廳等公共場合，我們總能看到大多數人要麼對著筆記本電腦，要麼是在低頭看手機，他們有的在上網購物，有的在學習，有的在聊天，還有的在消遣娛樂，等等。人們對現在的智能電子產品依賴近乎接近痴迷的程度，而數量變得越來越龐大的「低頭族」，他們的生活也由此發生著天翻地覆的變化，這一切都源於互聯網信息技術、移動端設備的誕生與發展。

根據「百度百科」的定義，互聯網技術是指在計算機技術的基礎上開發建立的一種信息技術，通過這種技術可以將網絡與網絡之間以一組通用的協定相連，串聯形成邏輯上的全球龐大網絡。可以說互聯網技術的普遍應用，是進入信息社會的標誌。由互聯網技術為我們搭建起來的互聯網，本質上是一個大型數據庫，在這裡可以傳遞和傳輸所有不同類型的信息，它可以以非交互式網站和博客的形式被動傳播；它還可以通過文件共享和文檔加載的形式主動傳遞。

一方面，互聯網信息技術的誕生與發展為社會帶來了一次信息傳播效率的提高，並以超出預想的速度由一個小小的局域網，指數級成倍爆發變為一個全球規模的大網，並開始持續自由連接，變成萬物互聯的狀態。成為最大媒體的互聯網本身，擁有了自由連接的通道和載體，也擁有了無數的內容，這些內容包括人、信息、情感、商品和金融資源，而且遵循摩爾定律的基本邏輯，這種萬物萬聯，

> 第一部分：共享金融——共享經濟滲透下的全新領域

隨著時間的流逝，在硬成本和軟成本上都呈現著邊際成本遞減的效果，更是加速了這種技術進步帶來的互聯網世界的運行效率，也在更大範圍地去擴大連接的波及面。

另一方面，這種突破時間和空間限制、提高信息傳播效率的技術，已經顛覆了人們以往的思維模式和生活觀念。前所未有的方便與快捷，讓人們越來越依賴於把自己生活的方方面面都構建在互聯網之上。

伴隨這兩大核心內容帶來的轉變，國家政府已經意識到該「顛覆性技術」的重要性，多次在重大會議上提及相關內容。2015年3月5日，第十二屆全國人大三次會議上，李克強總理在政府工作報告中首次提到「互聯網+」行動計劃。李克強總理所提出的「互聯網+」是在早先相關互聯網企業提出的「互聯網與傳統產業融合發展」基礎上有了進一步地深入和發展。

人類社會的演變離不開金融的發展，或者說是金融的變革見證了人類社會的發展。縱觀人類發展歷史，隨著生產力的發展，人們生產的東西在滿足自身物質需求以後仍留有剩餘；同時人們也對他人所持有的物品有所需求。於是如圖2-1所示，人與人之間的物物交換行為就在社會中出現了。我們把這樣的物物交換工具稱為商品貨幣，它的價值是根據商品自身所決定的。此後在人類繁衍人口增加過程中，也因為商品貨幣本身種類繁多，存在體積笨重、不易分割、容易磨損消耗和難以確定價值等問題，這種形式給人們的交易帶來了困擾。隨著之後生產力的不斷提高以及商品經濟市場的發展，出現了一種更加方便交易和攜帶且能夠保值的一般等價物，也就是金屬貨幣漸漸代替了物物交換形式。金屬貨幣主要是以金、銀、銅作為貨幣材料，充當一般等價物的足值貨幣，由於它價值比較高且易於分割和保存，在歷史上很長一段時間都是作為各國交易中的主要表現形式。直到貴金屬類的金屬貨幣數量已經不能滿足人們經濟市場中商品流通的交易需要，同時攜帶金屬貨幣進行遠距離的大宗商品交易相對不便之時，人們的交易形式終於進化到了下一個階段，也就是現階段的信用貨幣。貨幣、資本作為實體財富的表徵符號與實體財富分離。貨幣成為財富之本，資本成為財富之源。資本擴張催生信用制度建立，而金融這個從物物交換到貴金屬作為一般等價物，再到信用貨

幣這個經濟發展過程中出現的產物，成為資源配置的手段、財富運動的載體。

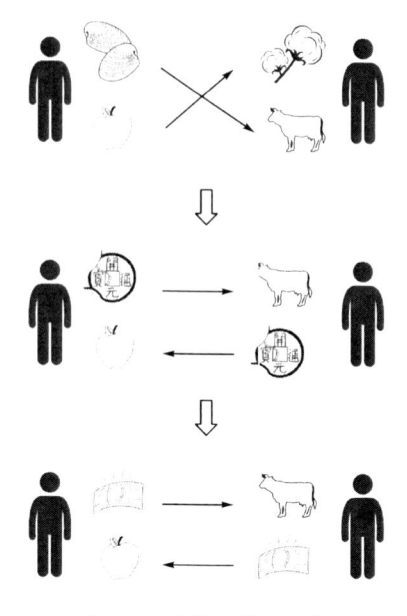

圖 2-1　人類交易的演變

　　現代社會的金融往往指資金融通，它是貨幣流通、信用活動及與之相關的經濟行為的總稱，一般包括貨幣的發行與回籠、銀行的存款與貸款、有價證券的發行與流通、外匯買賣、保險與信託、國內與國際的貨幣支付與結算等。而金融的核心問題是在於資金融通過程中如何進行有效配置，從宏觀經濟角度來講，這個過程就意味著市場稀缺資金如何流向最能產生價值的地方；從微觀經濟角度來看，也就是市場經濟參與者如何投資他們所擁有的資金，最優地來滿足他們的經濟需要。

　　傳統的融資方式通常包括兩類：一類為直接融資（圖 2-2），是指資金供給者與資金需求者雙方直接進行市場交易，完成最終的資金融通，交易過程當中不通過任何金融仲介機構的融資方式，一般包括我們所熟知的首次公開發行上市（IPO）、定向增發、私募股權、融資租賃、私募股權基金等；另一類為間接融資（圖 2-3），即資金供給者通過金融仲介機構來完成向資金需求者融出資金的過

程，這就好比我們去銀行貸款或是去基金公司購買基金等行為都屬於市場的間接融資。

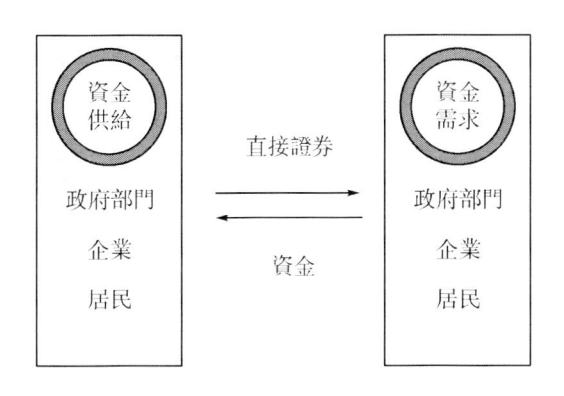

圖 2-2　直接融資形式

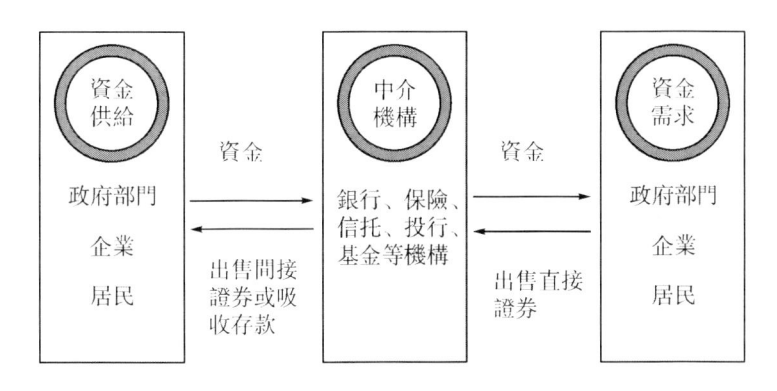

圖 2-3　間接融資形式

當社會為了更好地完成以上資金融通行為，常常希望能夠將供給者和需求者聚集起來，這樣既能降低交易成本，提高資金流動性管理，同時還可以及時發現風險，轉移風險，最終實現資金的有效配置，於是金融市場就有了其存在的必要性。

正如人們想要喝咖啡的時候可能會選擇去「星巴克」，需要添置衣物的時候會選擇去商場，需要找工作的時候會去人才中心，生病的時候知道要去醫院，等

等，總有一個場所可以滿足我們的需求。同理，當有人手裡持有多餘資金想要投資，又有人計劃創業需要一筆啓動資金的時候，金融市場就如同燈塔一樣給他們指引方向。因此，金融市場通常是指通過各種交易方式，金融資產的供求雙方運用市場和機制，通過交易進行融資活動的流通領域。

在金融市場中，可以需要固定場所，執行組織管理制度採用公開競價、雙向拍賣的交易方式，如商業銀行、證券交易所、保險公司、基金公司等；也可以不需要固定場所，雙方協商完成交易。不管有無固定場所，參與者也就是進行金融交易活動的主體，都會使用金融工具，且按照雙方接受的價格完成有效的融資活動。這個過程中，金融資產盈餘單位是資金供給者，為了賺取利息差價或者股息，實現自己的資金利益最大化而在金融市場上購買各種金融工具；金融資產赤字單位則是資金需求者，通過提供能夠產生法律效力的金融工具來獲得資金，是傳統意義上最典型的金融市場。

伴隨著互聯網時代的到來，金融的互聯網化是無須質疑的趨勢，而互聯網技術隨著時代持續變化的過程也影響著金融市場的變化。我們不能簡簡單單僅把互聯網作為一個在金融交易活動中處於信息交換媒介的技術平臺或工具，顯然它已經在金融體系中扮演了一個無形金融市場的角色。從20世紀90年代初開始，當互聯網以「WWW」的形式進入我們的視線開始，到現在已經走過了20多個年頭。我們置身其中，體驗了從電視、媒體時代、傳統互聯網、Web2.0、SNS時代和當下的Web3.0的變遷，這樣的變遷讓我們獲取信息的方式與習慣也產生了翻天覆地的變化。

1996年開啓的Web1.0是一個群雄並起、逐鹿網絡的時代，我們也稱為門戶時代。典型特點是信息展示，基本上網頁是「只讀的」靜態，用戶只能搜索信息、瀏覽信息，屬於一個單向的網絡與人之間的互動。從1997年中國互聯網正式進入商業時代，到2002年這段時間，代表產品有「新浪」「搜狐」「網易」等門戶網站。在同時代背景下的金融市場上的金融交易和組織形式也在隨之而變化。各類金融機構紛紛建立起官方網站，通過門戶網站的形式向客戶傳遞新聞、業務介紹等單向信息。如圖2-4所示，這個過程中的金融客戶，不管是資金供給

第一部分：共享金融——共享經濟滲透下的全新領域

者還是資金需求者，都只是被動瀏覽和接受金融市場信息，無法實現相互交流，更沒有進行在線業務操作的可能。儘管在接下來的幾年間，「金融脫媒」一詞見諸各路媒體，也就是指在進行交易時跳過中間人而直接在供求雙方間進行，也就是金融的非仲介化。但限於Web1.0階段的技術局限性，金融市場僅僅只是進行所有金融物質在互聯網層面的物理移動，只是空間的移動，並不存在任何貸款與借款雙方的交互性，包括銀行在內的幾乎所有金融機構仲介仍然是金融市場的絕對主導者。可以說，身處Web1.0階段的金融市場只是傳統金融市場的互聯網化階段。

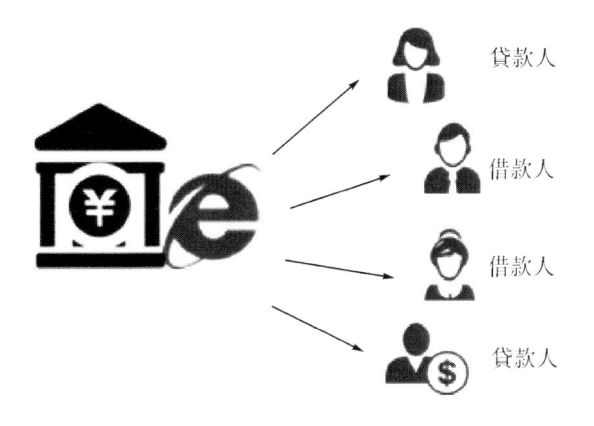

圖2-4 Web1.0時代的金融市場運行模式

當時間進入2003年時，互聯網的第二次迭代被稱作Web 2.0，人們也習慣將其稱為「可讀寫時代」或者「社交時代」。2.0階段的典型特點是雙向互動，即網絡用戶與網站門戶之間、網絡用戶之間以及門戶與門戶之間的信息都能夠進行主動交流互動，簡單來說，用戶不僅僅局限於瀏覽，他們還可以自己創建內容並上傳到網頁上。方興東創造的「博客中國」，可以算是開啓了用戶自主生成內容的時代。在互聯網上，用戶發布的各類有價值信息不斷吸引更多的用戶進入互聯網世界。如圖2-5所示，在整個Web2.0階段，中國互聯網用戶數量一直呈快速上升趨勢，截至2014年年底已經達到6.48億人數的龐大規模。Web2.0最具有代表性的門戶網站莫過於「新浪微博」「人人網」「騰訊QQ空間」等。

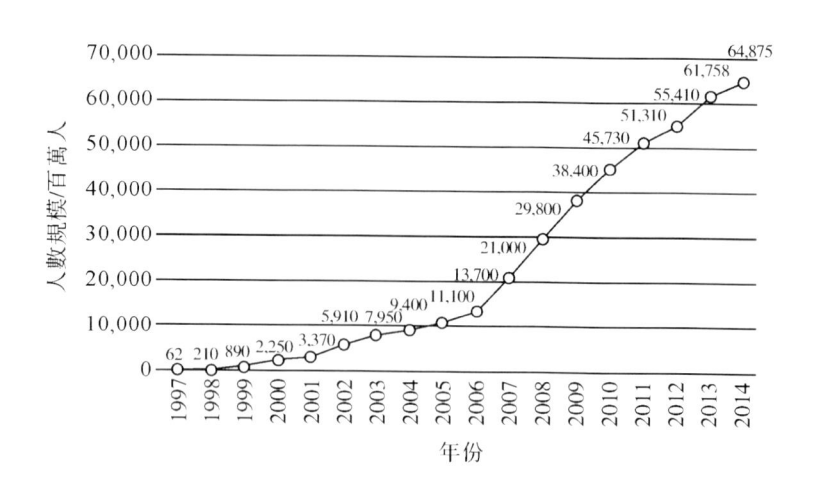

圖 2-5　1997—2014 年中國互聯網用戶規模情況

數據來源：CNNIC 中國互聯網發展狀況統計調查。

　　在如此強有力的推動下，金融市場的變革雖說相對來得晚一些，但是網絡支付開啓了第三方支付的新方式，用戶可以在各類金融機構的互聯網系統中進行在線業務操作，完成如交易支付、帳戶查詢以及同行、跨行轉帳等流程，還可以將使用感受對金融機構進行反饋。此外，在 2013 年 6 月 13 日，當網購一族習慣性地點開「淘寶」網頁，屏幕上跳出一個叫作「餘額寶」的新鮮名字時，誰也不曾想到它在誕生 5 個月後便可以「攻城略地」，闖下國內理財業務的大半河山。同時伴隨著它的出現，一場金融市場交互性革命也悄然拉開序幕。這場雖然是遲到的變革，但因為徹底重新定義了金融的市場營銷和商務營運，還是給人們帶來了巨大的體驗驚喜。

　　互聯網的基礎在於服務，最核心、最重視的是客戶體驗，而這種思維模式在「餘額寶」這樣的金融產品設計中體現無疑。利用「支付寶」的手機客戶端，人們可以隨時隨地進行「T+0」的消費和轉帳，同時享受約 4.8% 的低風險貨幣基金投資收益。將這樣的收益率、風險、流動性組合到「餘額寶」這個產品上，帶來的巨大吸引力是顯然的。從第三方支付到「餘額寶」的橫空出世，如圖 2-6 所示，在金融市場上的資金供給方與需求方可以在金融機構搭建的網絡平臺上與

金融機構進行資金流或者信息流的操作，也延續了 Web2.0 的初衷就在於讓互聯網更加貼近民主，使用戶更好地互動。不過該階段的金融市場依然無法提供一個能讓資金供需雙方可以直接交流的平臺。

圖 2-6　Web2.0 時代的金融市場運行模式

2014 年初始，終於迎來 Web3.0 即大互聯時代。該階段的典型特點是多對多的、在衣食住行等各個層面實現全方位緊密交互。如圖 2-7 所示，該模式不僅包括人與人的交互，還包括人機交互以及多個終端的交互，通俗易懂地理解就是以個人移動終端（手機）為中心點出發與整個互聯網世界之間的信息互動。這樣一個以個人為中心點的階段可以稱為是需求差異化、多樣化的「私人訂制」時代，該特徵也恰好與共享經濟發展特徵相吻合。從個人用戶角度來看，也是實現滿足人們多樣化、個性化生活的這一特徵。

當下雖然僅僅是大互聯時代的初期，但變革已經初現端倪，例如 2015 年的「雲芯片」、可穿戴式設備爆發以及智能家電開始繁榮；2016 年的互聯網汽車 VR 應用爆發；如今的無人駕駛汽車成為熱門話題。隨著大數據、雲計算、人工智能、互聯網、區塊鏈、智慧城市發展和 5G 網絡的普及，真正的 Web3.0 時代一定會由智能手機為代表的移動互聯網作為開端，通過廣泛互聯，讓人人都是網絡用戶、物物都能服務、數據共享，實現「每個個體、時刻聯網、各取所需、即時互動」的狀態，注定接下來是一個「以人為本」的互聯網思維指引的新商業文明時代。

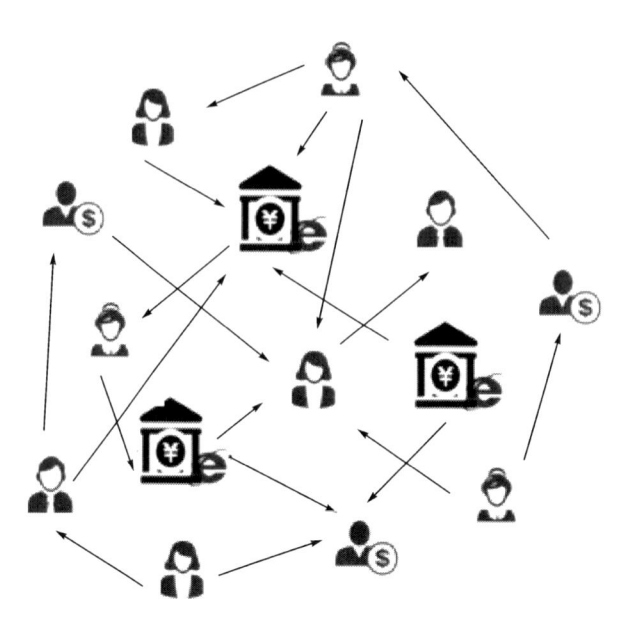

图 2-7　Web3.0 时代的金融市场运行模式

　　Web3.0 時代讓一直在金融市場上扮演主導角色的金融機構和只是從屬角色的用戶的地位產生了本質上的變化。曾經的 Web2.0 時代，「餘額寶」等金融產品讓更多用戶進入到金融市場，參與其中並感受到理財的樂趣，但隨著收益率的降低，用戶也出現了分化，有人依然青睞這種儘管收益較低，但流動性強、門檻低的金融產品；有人偏好收益率高一些但風險適中的中期投資；還有用戶屬於激進派，追求高收益高風險的產品。Web3.0 的時代正是基於每個獨立個體，而在金融市場上提供越來越多的金融形式，因為每一位用戶都是與眾不同的，他們各自有著與眾不同的需求和供給。目前在朝著移動化、專業化和場景化方向發展的過程中，P2P 網絡借貸與眾籌模式可以說是最早涉足金融領域的代表性模式。

　　P2P 網絡借貸起源於英國，創始鼻祖是英國一家叫「ZOPA」的網站。「ZOPA」成立於 2005 年，10 年間一直堅持個人微額信用借貸。這種模式是通過網絡平臺提供金融服務以實現個人與個人之間的借貸，即由具有資質的網站（第三方公司）作為仲介平臺，借款人在平臺發放借款標，投資者進行競標向借款人放貸

的行為，其核心就是利用互聯網讓他們相互對接把彼此信息的不對稱減少到最小，雙方相互選擇匹配。因為相較商業銀行貸款更加靈活方便，這種融資模式很快在美國流行起來，興起於美國，先後創立了如「Lending Club」「Prosper」等知名企業。

眾籌是由「Crowd Funding」一詞翻譯而來，即大眾籌資，起源於美國網站——「Kickstarter」，該網站通過搭建網絡平臺面對公眾籌資，打破傳統融資方式，讓有創造力的人可能獲得他們所需要的資金，以便使他們的夢想有可能被實現。

因此，在Web3.0支持和共享經濟蓬勃發展的滲透下，金融市場結構、交易行為及定價機制逐漸開始改變，「共享金融」的概念應運而生。Web3.0讓金融機構可以接收到自己平臺上的用戶需求以及消費行為等信息，通過大數據分析和整理，再將盡可能根據用戶需求「按需定制」的理財產品相關信息與數據反饋到平臺，用戶可以通過該平臺尋找適合自己的理財產品，提高了為個人提供關於金融市場上資金融通的一切行為的可實現性。個體用戶也將獲得最小障礙的投資與融資機會，而不僅僅只是支付與理財；互聯網本身，也將不只是一個為了降低交易成本的存在，而更可能會產生一種新的價值交換體系，並為資本更加自由的走向優化配置提供助力。也因此催生出了共享金融。如果說世界是人體，那麼金融就是血液，而借助互聯網信息技術發展應運而生的共享金融，將會讓未來的金融市場呈現出一個猶如任督二脈被打通的全新形態。

第二節　何為共享金融

根據百度百科解釋，「共享」一詞最早出自明朝末期，馮夢龍的《東周列國志》第七十一回：「（齊）景公曰：『相國政務煩勞，今寡人有酒醴之味，金石之聲，不敢獨樂，願與相國共享。』」其內涵早已根植於中華傳統文化之中，但傳統的資源和信息共享受時間與空間的局限，一直無法形成規模，直到「共享經濟」

「共享金融」概念的出現，才再次成為全球話題。共享金融就是以共享經濟發展作為基礎的金融創新。

共享經濟興起於2008年由美國次貸危機引發的全球金融危機之後，全球各國傳統經濟遭受嚴重打擊，增速紛紛緩慢。傳統的粗放型生產消費模式已無法滿足資源的有效配置和公眾福利的提升，面臨經濟轉型的迫切需求。

2015年，「共享」理念在國內開始萌芽。10月，在黨的十八屆五中全會上通過的《中共中央關於制定國民經濟和社會發展第十三個五年規劃的建議》中，首次提出「共享」，並列為中國五大發展理念之一，朝著「共享」型的方向發展已經上升至國家戰略層面；習近平總書記特別強調，全民共享、全面共享、共建共享和漸進共享是「共享」發展理念的四層內涵。共享理念的提出為共享經濟的誕生及發展提供了巨大發展空間，優化社會各類閒置資源配置是共享經濟的本質，滿足人的全面發展是共享經濟的目標，改善不平衡不充分發展的經濟發展現狀是共享經濟的訴求。而金融作為一國經濟「皇冠上的明珠」，同樣面臨時代的挑戰，伴隨著共享經濟的發展與滲透應運而生的共享金融，正在作為一種新興的金融發展方向受到人們的關注。

同年，「大成基金」副總經理兼首席經濟學家、中國人民銀行金融研究所前所長姚餘棟在「中國共享金融50人論壇」上，首次提出「共享金融」這一概念，並迅速得到了金融業及學術界的廣泛關注。在對共享金融的理解上，餘姚棟認為共享金融在本質上是對線下資源進行整合後，在搭建的平臺上實現供需直接交易的金融交易模式。它的金融資源供需個體包括居民、非金融機構和金融機構三大類，儘管類似於傳統金融模式，同樣是在需求者、供給者和仲介機構三方之間建立並完成的交易，但區別在於仲介本身發生了質的變化，已經不再僅僅是各類實體傳統金融機構，而是更加強調在依靠互聯網技術下搭建起來的資源共享平臺。這種在去仲介化理念下，通過大數據、雲計算等技術手段產生的金融產品及服務創新，使得以資源共享、要素共享與收益共享為特徵的新金融崛起。它能夠有效地降低人們的社會融資成本，同時減少金融市場資金錯配的情況，通過開拓融資渠道，擴大融資規模，緩解中國目前金融環境的脆弱性，最終實現金融資金

> 第一部分：共享金融——共享經濟滲透下的全新領域

供給的高效性、資金配置的公平性。

　　針對新金融模式的功能，中國社會科學院金融研究所的楊濤強調共享金融模式，既是通過金融發展理念的變革來服務和引導經濟社會的可持續、共享共贏發展，又能彌補傳統金融自身存在的缺陷，讓金融體系能夠更好地運轉，真正成為有助於改善公眾生活的現代經濟「血液」。所以，共享理念和共享經濟是共享金融的基石，而共享金融又致力於實現共享型發展、服務於共享經濟，共享理念、共享經濟和共享金融三者呈現層層遞進、環環相扣的邏輯關係。

　　對比國內外給予的相關定義，在共享理念和共享經濟的內涵基礎上，我們可以將共享金融理解為：既包括在宏觀上通過現代信息技術使得人類社會聯繫更為緊密，社會金融資源得以更公平、合理、高效和便捷地調配、使用，從而實現社會閒置金融資源的優化配置；也讓金融參與者（無論是金融機構還是居民）都能夠自主參與到金融投資決策中，讓資金的供給者與需求者盡可能同時實現利益的最大化，實現真正的普惠目標。

　　長久以來，傳統的金融機構幾乎是人們瞭解金融信息，進行金融各類行為的唯一有效渠道。有限的投資信息和渠道使得資金盈餘者基本只能選擇金融機構放置資金，而資金短缺者因為有限的融資信息和渠道，也只能選擇金融機構實現融資目的，而傳統金融機構作為信息及融資服務仲介，其營運過程中的信息、信用、渠道、成本等難題正在突顯。如圖2-8所示，相較傳統金融模式，共享金融模式的優勢在於搭建的開放平臺可以吸引社會閒散金融資金和參與者，參與者隨時隨地發布資金的供給和需求信息，能夠利用現代互聯網信息系統、大數據、雲計算、移動通信等技術，更加高效地完成金融資源進行線上線下的整合工作，使市場上小微、零碎和錯配的金融資源通過資金供給和資金需求方參與、雙向自主選擇變得有序流動，實現供需雙方直接融資交易，從期限上、金額上、風險上減少金融資源的錯配現象。

　　當然，在「共享金融」這一概念被提出來之前，「互聯網金融」和「普惠金融」這兩大概念已經受到國家、金融行業及社會的廣泛關注與推廣。它們和共享金融有著纖絲萬縷的關係，也並不完全相同，共享金融的理念和內涵更加豐富，

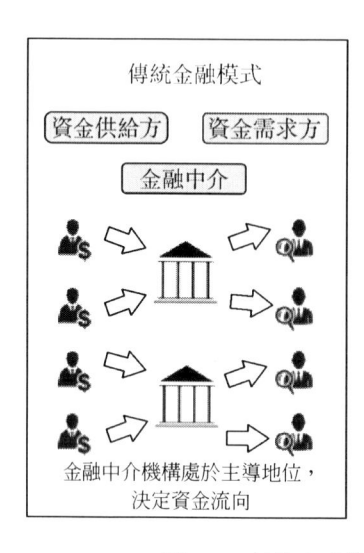

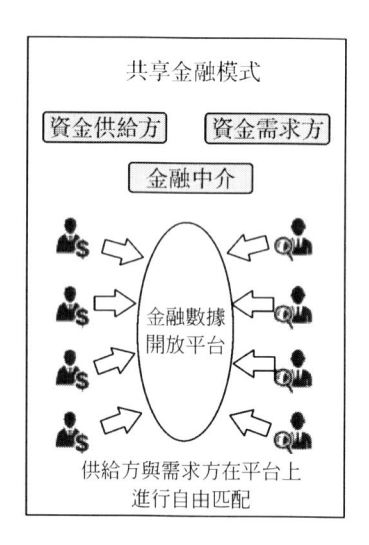

图 2-8　傳統金融模式與共享金融模式對比

未來更有發展潛力。

「互聯網金融」這一概念是由謝平在 2012 年首次提出，它是基於互聯網平臺技術和傳統金融活動相融合的一種新金融活動、金融形式，以此來提供融資、支付、投資和信息仲介等服務。在 2015 年 7 月，由中國人民銀行等十部委聯合發布的，經黨中央和國務院批准的《十部委關於促進互聯網金融健康發展的指導意見》中指出，互聯網金融是不同於傳統金融機構銀行、證券、保險的一種「新型金融業務模式」。

這種模式的出現不僅體現了金融去仲介化，打破了傳統金融機構處於絕對主導地位的局面，也大幅度減少交易成本，提高了資源配置效率，這與共享金融有異曲同工之處。如圖 2-9 所示，互聯網金融從服務形式角度可分為三種模式：

第一，傳統金融機構向互聯網延伸，拓展各類網上業務。比如多數商業銀行的手機銀行上線了類似「餘額寶」的靈活型理財業務，以中信銀行的「薪金寶」、民生銀行的「天天增利」、招商銀行的「朝招金」為代表；又比如部分商業開發的以智能科技為基礎，集生活金融為一體的服務平臺，以中國工商銀行的「e 生活」「融 e 聯」「融 e 購」以及招商銀行的「掌上生活」為代表；還有部分

第一部分：共享金融——共享經濟滲透下的全新領域

銀行擴展類似 P2P 網絡借貸業務的小微金融，以中國工商銀行的「小微 e 貸」、建設銀行的「小微快貸」為代表。

傳統金融機構 拓展網路業務	網路企業跨界 金融領域	金融的 網路居間服務
・手機銀行業務 ・金融生活服務平台 ・小微金融	・「微眾銀行」 ・「網商銀行」 ・「螞蟻金服」	・P2P網路借貸 ・眾籌融資

圖 2-9　互聯網金融從服務形式角度劃分的三種模式

第二，互聯網企業跨界進入金融領域，以由「螞蟻金服」作為大股東發起設立的中國第一家核心系統基於雲計算架構的「網商銀行」、京東數字科技控股有限公司的「京東金融」等為代表。

第三，金融的互聯網居間服務，以 P2P 網絡借貸和眾籌融資的發展為代表。金融的互聯網居間服務的典型應用模式與共享金融表現出一致性。兩種新金融模式均是基於互聯網等信息技術而發展的，其目的也是為了資源優化配置。但共享金融除滿足營利性外，在今後的發展過程中還會滲透信息數據共享等方面，會更注重公益性的考量。因此，互聯網金融只是共享金融在當前特定歷史階段的具體表現形式，共享金融則是互聯網金融發展的最終目的。

「普惠金融」的概念來源於英文「Inclusive Financial System」，它是聯合國當年在宣傳 2005 小額信貸年時廣泛運用的詞彙，主要是指有效、全方位地為社會所有階層和群體提供金融服務，包括被傳統金融忽視的小微企業、城鄉和農村地區的貧困群體。2013 年的中國，則開啟了普惠金融發展之路。2013 年 3 月，「支付寶」母公司宣布將以其為主體籌建小微金融服務集團，也就是現在的「螞蟻金服」集團；同年黨的十八屆三中全會決定把普惠金融作為深化金融市場改革的重要途徑之一。2016 年國務院在《推進普惠金融發展規劃（2016—2020 年）》中首次將「普惠金融」上升為國家戰略。近年來，中國普惠金融發展呈現出服

務主體多元、服務覆蓋面較廣、移動互聯網支付使用率較高的特點，人均持有銀行帳戶數量、銀行網點密度等基礎金融服務水準已達到國際中上游水準。

共享金融強調共享，這與普惠金融所強調的包容性內涵相契合。普惠金融所要包容的問題，從金融資源的需求來看，傳統金融機構由於固定運行成本較高，往往偏好大客戶，而現實的小微企業、農民、城鎮低收入人群等弱勢群體需求者卻是一個長尾分佈，這就使得尾部的需求無法獲得金融資源。再從金融資源的供給來看，中國絕大部分資金都要通過銀行等金融機構來實現間接融資，投資者投資渠道相對窄，收益相對低。而共享金融作為一個金融資源供求雙方的直接交易系統，一方面因為主要依託互聯網，無須大量固定經營網點，仲介機構運行成本得以降低；另一方面共享金融模式下的資金供求雙方直接匹配機制能夠極大提高資金的使用效率，使得融資成本直接下降。所以共享金融在推進普惠金融以及緩解現代金融體系的脆弱性等方面具有獨特的優勢。普惠金融和共享金融，兩者並非重合的概念，普惠金融是國家發展共享理念的一個重要的路徑，在實現普惠金融的發展過程中，共享金融又是一個重要的表現形式。

因此，「互聯網金融」「普惠金融」和「共享金融」這三個概念雖然理念相似，有一定的共同形式，但這裡面共享金融賦予的技術和制度內涵更加深刻。楊濤就曾總結過，共享金融包括了互聯網金融、普惠金融、金融市場化和金融服務實體等金融進化方向和理念，是一種主張消費者主權的金融模式。通過總結，在告訴我們共享金融崛起的理念基礎的同時，也反應了未來金融市場將會繼續朝著「共享」「普惠」的方向前行。

第三節　「微、眾、簡」時代

一、化解小微企業融資瓶頸

2018 年 6 月 25 日，經國務院同意，中國人民銀行、中國銀保監會、中國證

第一部分：共享金融——共享經濟滲透下的全新領域

監會、國家發展和改革委員會、財政部等部門聯合出抬了《中國人民銀行、中國銀保監會、中國證監會、國家發展和改革委員會、財政部關於進一步深化小微企業金融服務的意見》，時隔不久，中國人民銀行行長易綱主持召開了《綜合施策精準發力進一步改進和深化小微企業金融服務》的電視電話會議，目的是落實黨中央國務院關於進一步支持小微企業解決融資難、融資貴問題的決策部署。2019年3月5日，國務院總理李克強在全國兩會期間做政府工作報告時表示，小微企業融資難、融資貴問題尚未有效緩解。這一系列文件的印發和會議召開，都表明國家再一次把中小微企業融資難問題提上了議程。根據中國工信部等四部委發布的《統計上大中小微型企業劃分辦法（2017）》中有關小微企業的劃分標準，如表2-1所示。以零售業為例，微型企業是指從業人數10人以下，營業收入在100萬元以下的企業；小型企業是指從業人數10~50人且營業收入在100萬~500萬元之間的企業。這類營業收入額不高，但最終產品和服務價值占全國GDP約60%的小微企業，已經成為中國實體經濟發展的主要推動力。顯然，中國小微企業的時代已經來臨。

表2-1　中國小微企業劃分標準

行業名稱	指標名稱	計量單位	小型	微型
零售業	從業人員（X）	人	$10 \leq X \leq 50$	$X < 10$
	營業收入（Y）	萬元	$100 \leq Y \leq 500$	$Y < 100$
農、林、牧、漁業	營業收入（Y）	萬元	$50 \leq X \leq 500$	$Y < 50$
租賃和商務服務業	從業人員（X）	人	$10 \leq X \leq 100$	$X < 10$
	營業收入（Y）	萬元	$100 \leq Y \leq 8,000$	$Z < 100$
建築業	營業收入（Y）	人	$300 \leq Y \leq 6,000$	$Y < 300$
	資產總額（Z）	萬元	$300 \leq Z \leq 5,000$	$Z < 300$

資料來源：《統計上大中小微型企業劃分辦法（2017）》。

　　金融行業的重要使命就是將資金配置到實體經濟的各個領域。但在目前傳統金融模式下，一方面因為融資渠道相對過窄，社會金融資源供給方的大部分資金

主要是通過銀行、股票、債券等產品流入，聚集在金融機構，收益也相對較低；另一方面，小微企業往往因為企業信息建立不完善、不透明以及融資規模小且風險高等因素不受金融機構所偏好，導致資金流向小微企業的規模不大。如圖2-10所示，雖然中國金融機構小微企業貸款餘額占金融機構貸款餘額比例在逐年增長，但增幅甚微。截至2018年第二季度，小微企業貸款餘額占比為37.5%，小微企業經濟貢獻與金融機構對小微企業的貸款支持力度有較大差距。該報告還顯示，中國金融機構小微企業貸款的未來空間預計約為當前規模的5倍。因此，在我們迎來「微」融資的時代，傳統金融機構規模的發展反而讓小微企業獲得金融服務的門檻變得越來越高，融資難且融資貴使得整個金融市場的服務逐漸脫離實體經濟，難以推進普惠金融的進程，成為社會的一大痛點。隨著共享金融的廣泛應用，共享金融平臺恰好可以適應小微企業這類融資主體資金需求「微而精」的現狀，助力「脫虛向實」化解小微企業的融資瓶頸。

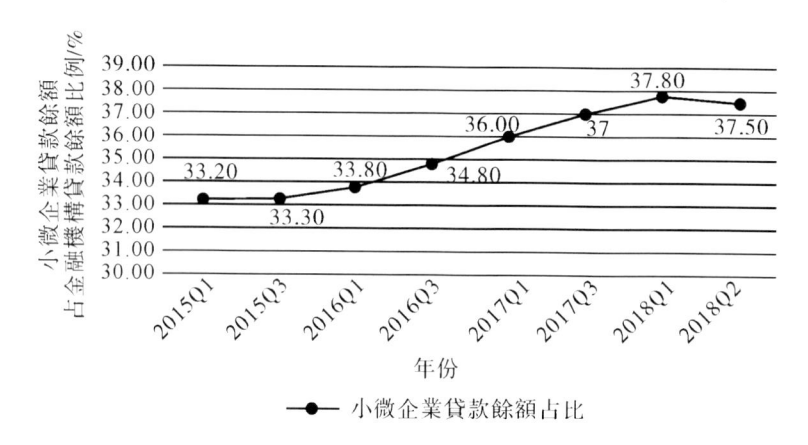

圖2-10　2015Q1—2018Q2 中國金融機構小微企業貸款餘額占金融機構貸款餘額比例
數據來源：艾瑞諮詢《2019年中國互聯網金融行業監測報告》。

隨著互聯網技術的發展，在共享概念不斷根植於心的趨勢下，社會越來越朝著個性化、定制化和開放化的方向發展，網絡平臺並不完全像傳統金融那樣一味地去追求規模大。共享金融搭建的平臺往往表現出了符合時代背景的「微」的

特點，精準針對特定對象。借助平臺搜索功能，資金的借貸雙方可以通過公開透明的融資信息迅速完成匹配，而且因為金額規模對比傳統金融機構來說更小，融資流程相對簡單，對口小微企業等融資規模較小的個體來說，使得融資交易得以快速高效實現，幫助企業緩解融資貴的困境，推動國家經濟更好發展。此外，共享金融平臺一般會滲透精分到各個行業領域，精準聚焦到具體需求對象，讓資金流向最能夠產生經濟效力的地方，真正做到脫虛向實，推動普惠金融的發展，讓國家迴歸健康經濟業態。

二、體現「大眾參與」核心理念

與此同時，在互聯網發展變革的時代，人們的思維方式也在不斷變革，各個領域的規則都在被打破，全領域人人參與的「眾」時代已經到來。中國互聯網絡信息中心（CNNIC）發布的第43次《中國互聯網絡發展狀況統計報告》顯示，如圖2-11所示，截至2018年12月，中國網民規模為8.29億人，全年新增網民5,653萬人，較2017年年底提升了3.8%，其網絡普及率則已接近60%。同時，如圖2-12所示，中國手機網民規模達8.17億人，全年新增手機網民6,433萬人；網民中使用手機上網的比例由2017年年底的97.5%提升至2018年年底的98.6%。

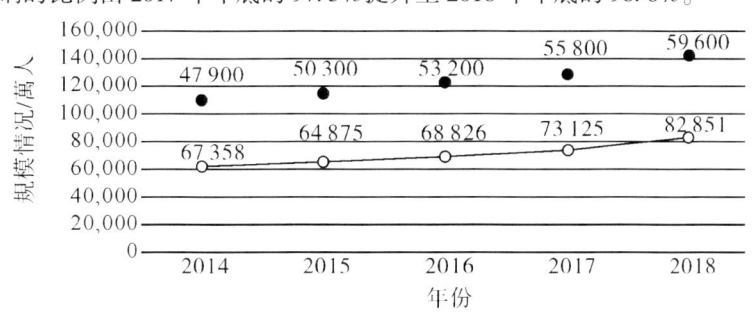

圖 2-11　2014—2018 年中國網民規模及互聯網普及率

數據來源：CNNIC，中國互聯網絡發展狀態統計調查。

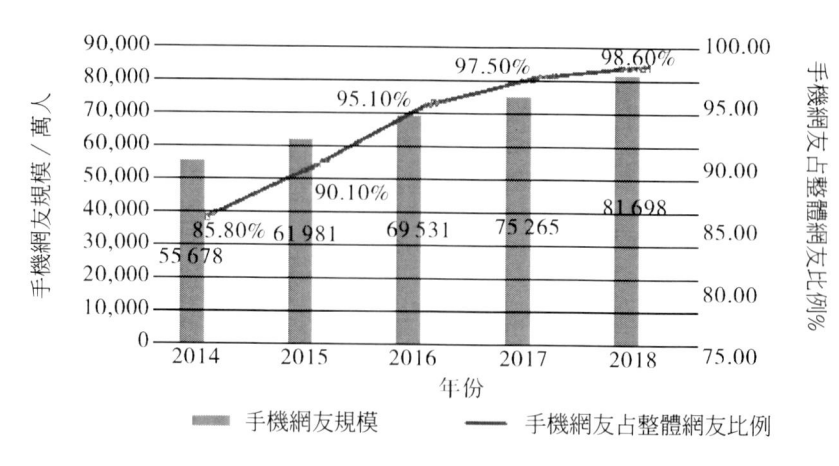

图 2-12　2014—2018 年中國手機網民規模及其占網民比例

數據來源：CNNIC，中國互聯網絡發展狀態統計調查。

共享金融的特性在於它本身是由共享資金、共享平臺及共享參與者三大部分組成。如果沒有共享者的參與，再好的共享平臺也無法實現資金融資交易。金融市場的一切業務均是以參與者的加入作為開端，對於金融機構可以說是「得用戶者得天下」，眾人參與的重要性可見一斑。越多人數的參與，共享金融平臺的「金融資金供需池」的體量就會越大，根據其個性化及定制化的特點，平臺資金的供需類型就越豐富，交易的方式就會越靈活，資金匹配的效率也得以提高。只有人人參與其中，共享金融發揮的作用就會變得越加明顯，這也是它和傳統金融的典型區別之一。在人人皆是互聯網用戶的時代，每個企業和獨立個體只要擁有閒置資金或融資需求，都可以隨時在平臺上成為金融資源和服務的供給者或需求者，傳統金融融資模式將會退出主流市場，不再作為市場絕對主導者，而是與共享金融相互協作，改善金融市場的融資困境。

此外，不可否認傳統金融讓金融行業規模不斷擴大，金融服務機構的數量與日俱增，但龐大的規模未必就意味著良性的發展趨勢，也並非就能夠滿足人人都能參與且日益壯大的新生市場的切實需求。習近平總書記在黨的十九大報告中就指出過，中國社會主要矛盾已經轉化為人民日益增長的美好生活需要和不平衡不

充分的發展之間的矛盾。如圖 2-13 所示，2019 年 7 月 1 日國家統計局發布的《新中國成立 70 週年經濟社會發展成就系列報告之一》顯示，截至 2018 年年底，中國人均國民總收入（GNI）達到 9,732 美元，增速為 10.7%，高於中等收入國家平均水準，並預計如果此後幾年人均收入維持這樣的增速，則大約在 2022 年，中國將進入高收入國家行列。但是在中國進入中等收入階段後，傳統金融機構高昂的固定運行成本以及歷來大客戶所偏好的行為，都會導致難以尋找到合適途徑來滿足全國零散分佈的、個性化的融資需求；而小額閒餘資金的投資者則又因為傳統金融機構的投資門檻過高，而難以進入。面對這樣的社會矛盾，共享金融可以利用新技術，從原有的傳統金融固化產業鏈的經營模式裡面被挖掘出一些全新的消費習慣，使得每個獨立主體都有可能成為這條產業鏈中的一分子，讓更多的人有了扮演資金供給者與需求者的機會，實踐了「大眾參與」的核心理念。

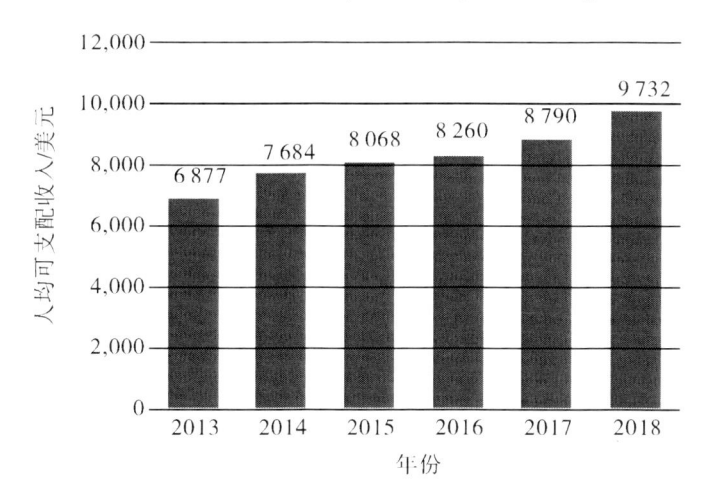

圖 2-13　2011—2018 年中國居民人均可支配收入情況

數據來源：國家統計局。

共享金融與人類命運共同體理念不謀而合，今後，以「一帶一路」倡議為統領的「共商、共建、共享」全球治理新理念，還將會使得更多的參與者加入進來。在共享金融模式推動下，可形成與經濟發展新形勢相適應的開放與包容模

式；借助共享金融新動力，探索建設自由貿易港，可不斷提升對外開放的層次與水準，加快推動貿易投資便利化；立足共享金融新平臺，運用創新型信息技術發展跨境電商，可擴大開放的領域，培育國際經濟合作和競爭。「眾」時代將會引領新未來，只要認真貫徹落實發展共享金融，中國將開創「好金融」構築「好世界」的新藍圖。

三、符合人們簡便的社會需求

當然，我們當前所處環境不僅僅是「微」時代、「眾」時代。在物質不斷豐盈、信息不斷爆炸、競爭不斷加劇的今天，隨著大數據、雲技術不斷創新以及物聯網的逐漸發展，追求更簡便、更高效的生產生活方式是每一個企業與機構甚至個人的必要轉變，「簡」時代正式到來。在如此時代背景下的傳統金融，卻主要還是典型單維度線性思維，依託網點佈局、品牌優勢及完善風控體系，習慣採用制度化的方式為客戶提供合適的產品。這種方式導致融資交易手續繁瑣、融資週期較長等一系列問題，是無法滿足在「簡」時代下的企業、機構或個人的金融需求。在共享經濟時代下催生出的共享金融，打破了這種資金參與者對金融機構依附單一的運行機制，如圖2-14所示，是以用戶和產品為經營對象，在雲端實現資源配置和共享，是典型的多維度互聯網思維，具有平臺聚集效應、擴散速度快和去仲介化等特點。

共享金融的這種思維模式，讓金融市場的資金參與者雖然脫離金融機構，但僅需要一臺電腦或者一部手機，就能夠更廣泛地接觸其他參與者，不管是資金供給方還是需求方，拉近了人們之間的距離，大大提高了資金的有效流動。共享金融平臺通過去仲介化這種「簡」方式，一方面避免了融資交易中間的繁雜手續過程，提高了交易效率；另一方面，利用大數據和金融科技作為基礎實現信息的高速分析與傳輸，降低了傳統金融出現的信息不對稱程度，做到快速精準地匹配投資方和融資方。此外，共享金融的獨立資金參與者能夠同時接入多個平臺，根據自己的需求調節交易時間，不再受到傳統金融機構營業時間的制度束縛，大大降低了參與者的時間成本的同時，還因為這種多渠道廣泛交易的模式，促使並激

第一部分：共享金融——共享經濟滲透下的全新領域

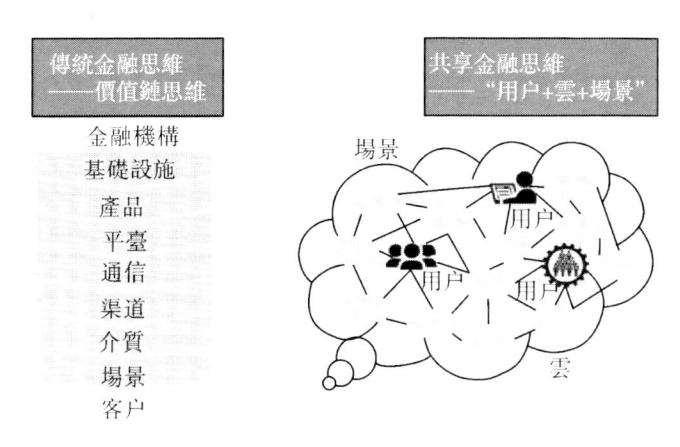

圖 2-14　傳統金融思維與共享金融思維的對比

發平臺誕生更多樣化、個性化和有創意的服務或產品，滿足更多的市場融資需求。因此，共享金融這種以更低門檻讓資金參與者進入投融資市場、利用更簡便的操作過程進行更快速地交易的「簡」思維，相較傳統金融模式，更加符合人們在「簡」時代的社會需求，助推資金的流動性。

在「微、眾、簡」時代來臨的今天，共享金融作為一種新金融方式，迎合了當前人們的消費行為習慣和金融市場的需求變化趨勢。它通過互聯網搭建的平臺，讓金融資源在規模上形式多樣化，小額融資不再是難於上青天的問題；降低門檻，讓人人都有資格成為金融市場投融資的一分子；簡化的融資流程大大提高了社會資金配置效率，實現信息共享、資源共享和收益共享。一方面服務於共享型的經濟發展道路的金融模式，著眼於實現金融普惠性；另一方面也涵蓋了金融自身的可持續均衡多方共贏式的發展，在破解社會主要矛盾與構建人類命運共同體理論探索方面均發揮著重要作用。

第四節　共享金融的可行性

一、優化金融終端的資金配置

共享金融的核心是能將社會低效配置或閒散金融資源通過互聯網平臺進行共享，實現快速、高效配置，這也是共享金融得以產生的最基本前提。中國居民因為社會傳統文化和生活習慣等因素，一直保持著進行存款儲蓄的慣性思維，傳統金融機構的存款規模一直居高不下是不爭的事實。根據央行統計數據，截至2018年年末，中國整體金融機構的境內住戶存款餘額達到72.44萬億人民幣，占國內GDP比重80%左右，較2017年年末同比增長11.1%左右。同時，如圖2-15所示，截至2018年12月1日，中國總儲蓄率即一國儲蓄金額占國民生產總值的百分比為45.7%，相較於之前儘管呈現持續下降趨勢，但仍是全球儲蓄率最高的國家之一。具體到個人的投資金融資產，如圖2-16所示，中國個人可投資金融資產規模從2013年的76萬億元增長到2018年的147萬億元，雖然2018年受宏觀經濟影響增速放緩至8%，但整體仍然保持著持續增長態勢；並同時預計，隨著中國經濟發展企穩，預計2023年中國個人可投資金融資產規模將達到243萬億元，複合增長率約為10.6%。由此可見，居民財富呈現持續累積的態勢。從國家資金流量表（金融交易）來看，在非金融企業、金融機構、政府、居民住戶這四大部門中，居民住戶部門是典型的資金淨流出，也是金融資源交易鏈條的起點。

中國金融市場住戶龐大的儲蓄量儘管讓人驚喜，但目前市場投資主體主要還是政府和企業，民間可以進行投資的渠道非常有限，所以從儲蓄結構和數據來看仍然無法改變相對單一的事實。傳統金融運行模式下，居民存款通常只能通過以商業銀行理財為主的間接融資市場、股票和債券為主的直接融資市場以及結構型的證券化產品等方式進入國家市場的「金融血管」之中。在此過程中，個人投

第一部分：共享金融——共享經濟滲透下的全新領域

2011—2018中國總儲蓄率情況

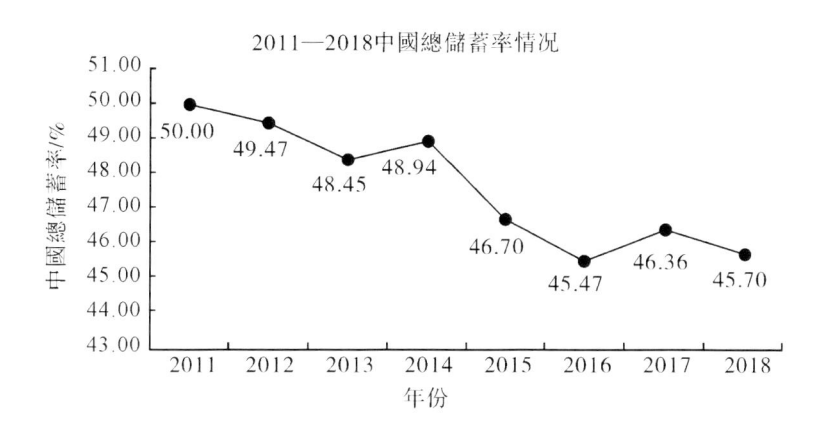

圖 2-15　2011—2018 年中國總儲蓄率情況

數據來源：國家統計局。

2013—2023年中國個人可投資金融資產規模

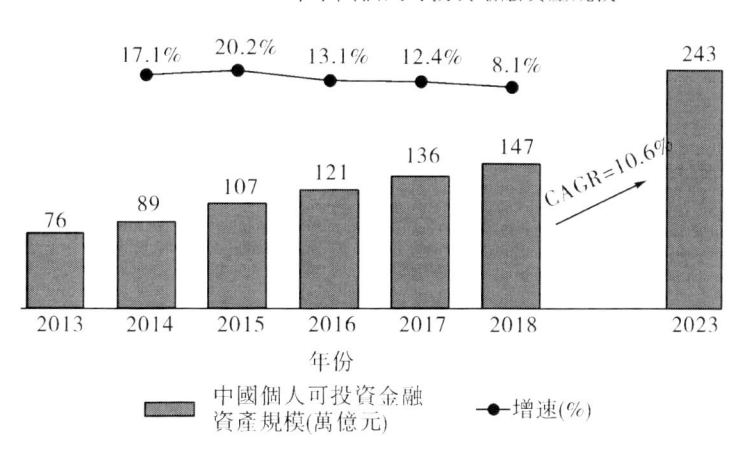

圖 2-16　2013—2023 年中國個人可投資金融資產規模

數據來源：艾瑞諮詢，《2019 年中國互聯網財富管理行業研究報告》。

資者由於缺乏有效的話語主導權，往往只能扮演金融機構該金融資源「工廠」的「原材料」提供者。

雖然當前金融市場上也出現了理財產品、私募基金、信託計劃等多類型金融

投資工具，但是與銀行這類傳統金融相比，這些金融工具透明度較低，交易結構設計複雜，進入門檻更高，資金風險很大，依然只是市場的小眾投資方式。央行近年發布的儲戶相關問卷調查也顯示，儲蓄投資方式始終是排在股票投資、債券投資、房產投資之前的居民首選投資方式。因此更多的儲蓄數量意味著更多的經濟增長，但同時也意味著消費的低迷和經濟內生動力的缺失。而且，長期超高儲蓄率在某種程度上也可以說是普通居民財富的一種流失和社會的損失。因為找不到更加合適的投資渠道，減緩了整個市場的資金流動性，降低了金融資源的有效配置。對比如此龐大的金融投資資產規模，如表2-2所示，截至2018年年底，網上銀行用戶人數為41,980萬人，其使用率僅為50.7%，使用互聯網理財的人數則更低，網民使用率僅為18.3%。針對當然的居民投資方式共享金融的產生與發展，投資參與者可以借助於互聯網技術、開放平臺、眾律性和低門檻的規則，運用儲蓄存款直接成為金融終端資源的供給者，通過投融資者的雙向選擇，決定金融資金往最需要且最能夠產生收益的地方流去，很大程度上優化了傳統機構金融資源配置效率不高的問題。

表2-2　2017.12—2018.12 網民網上投資應用使用率情況

應用	2018.12 用戶規模（萬人）	2018.12 網民使用率（%）	2017.12 用戶規模（萬人）	2017.12 網民使用率（%）	年增長率（%）
網上銀行	41,980	50.70	39,911	51.70	5.20
互聯網理財	15,138	18.30	12,881	16.70	17.50

數據來源：CNNIC第43次《中國互聯網絡發展狀況統計報告》。

相信共享金融平臺持續發展，為儲蓄居民們提供了參與金融投資活動的新思路和新渠道，隨著理財意識的進一步加強，平臺參與者還可以創造諸多增加居民財富的保值增值途徑，通過個性化、定制化的方式，利用金融資源來創造收益的同時，也能讓金融終端資源流動到更高效的地方去，滿足多樣化的金融需求，實現更大範圍的金融共享。

第一部分：共享金融——共享經濟滲透下的全新領域

二、發揮集群效應，強化綜合金融服務功能

集群效應來自法國的社會心理學家古斯塔夫·勒龐的著作《烏合之眾》，勒龐在書中描述集體的特點時說道：當單獨個體集結成群體後會有不同於個體獨處時的心理和行為表現。並且當這種結成群體的存在達到足夠動力時，就能夠自我運轉，同時成為推動往後持續發展的重要動力。2013 年 6 月 13 日，「天弘基金」聯手「支付寶」推出國內首只互聯網基金——「天弘餘額寶貨幣市場基金」（即「餘額寶」），且至今已誕生六年。當「餘額寶」借助互聯網技術凸顯的便捷性及支持消費特性，從一只基金產品逐漸發展成為人們的一種生活習慣，讓廣大用戶利用零散資金也能賺取收益。根據「天弘餘額寶」2018 年年報，截至 2018 年年底，「天弘餘額寶」規模為 1.13 萬億元，共為投資者賺取收益 509 億元，平均每天賺 1.39 億元。2019 年 1 月，「螞蟻金服」更是重磅宣布，「餘額寶」用戶量正式突破 6 億，這是一個新的歷史紀錄，2017 年用戶量是 4.74 億戶，也就是說 2018 年，增長了 1 個多億。如果說「支付寶」改變了我們的生活方式，那麼「餘額寶」是在潛移默化中改變了我們的理財方式。

在這樣的發展背景下，傳統金融模式已經無法滿足人們對於產品多樣化、高效化的需求。共享金融可以通過縱橫交錯的網絡平臺關係，將互聯網中眾多具有分工合作關係的不同規模等級的金融融資、服務平臺與其發展有關的各種機構、組織等行為主體緊密聯繫在一起。然後隨著互聯網技術發展，大數據、雲計算的成熟，共享平臺的界限和社會等級逐漸被打破，將會提供更多的金融產品以不斷滿足投融資者的各種需求，這樣便能逐漸接近引發群聚效應中的那個臨界點。一旦達到這樣的引爆點，伴隨用戶交易量與交易頻率增加，平臺認可度得以提高，共享金融這種能夠實現普惠金融的發展方向也會形成可持續性。

以「餘額寶」為例，受政策影響，「餘額寶」申購份額下降，從 2018 年 2 月 1 日起，「餘額寶」設置每日申購總量，每天早上 9 點限量發售，同時自動轉入功能暫停，這一變動顯然降低了用戶的體驗感。為了保持客戶的黏性，「餘額寶」在同年 5 月開始接入多只基金，如表 2-3 所示，截至 2018 年第四季度，13

家基金公司的貨幣基金已經接入「餘額寶」，到 2019 年 4 月 10 日起，取消「餘額寶」個人交易帳戶持有額度及單日申購額度限制。接入多只基金分流後，放開了此前的控量限制。這一系列操作不但沒有造成用戶分流，反而在整個 2018 年增長了 1 億多用戶人數。

表 2-3　2018 年接入「餘額寶」的 13 家基金公司

「天弘餘額寶」	「長城貨幣 A」	「銀華貨幣 A」
「融通易支付貨幣 A」	「大成現金增利貨幣 A」	「博時現金收益貨幣 A」
「華安日日鑫貨幣 A」	「國泰利是寶貨幣」	「中歐滾錢包貨幣 A」
「廣發天天利貨幣 E」	「國投瑞銀添利寶貨幣」	「諾安天天寶 A」
「景順長城景益貨幣 A」		

資料來源：《2019 年中國互聯網金融行業監測報告》。

共享金融利用互聯網發揮的集群效應，將龐大的投資者群體聚集到了平臺，每一位參與用戶既可以充當投資人，也可以成為融資人，即在不同時期根據具體需求進行角色轉換。平臺通過大數據與雲計算，能夠降低信息不對稱，快速匹配用戶需求和供給，實現利益互換。同時因為共享金融的固定成本只包括前期網絡平臺搭建、金融技術投入和產品開發，利用互聯網完成的數字金融產品交易只是一個複製過程，具有接近於零的邊際生產成本與邊際銷售成本來獲取潛在客戶的優勢，吸引了更多的金融融資、服務機構搭建共享平臺。共享金融對傳統金融的改造已經產生出了眾多細分行業平臺，每個細分行業平臺的出現與留存都意味著該賽道掌握著其所在產業鏈中必不可少的資源。這些資源包括資質、資金、資產、技術、數據、流量、服務，且部分資源有相互作用關係，共享金融各平臺的綜合金融服務功能得到不斷強化。因此，在實現和擴大群聚效應的過程中，因為交易成本不會隨規模的擴大而增加，反而是遞減趨於零，規模效應得以實現。因此以群聚效應為基礎，能夠帶動規模效應的上升，進一步改善平臺風險識別度、提升數據累積能力和對客戶的認知能力，共享金融就可以持續運作下去。

第一部分：共享金融——共享經濟滲透下的全新領域

三、充分挖掘投融資市場的長尾資源

長尾理論是由當時作為《連線》（Wired）總編輯的克里斯·安德森（Chris Anderson）在互聯網絡和電子商務蓬勃發展時期提出的，最早用於描述美國亞馬遜、Netflix等公司的網絡商業模式。正如圖2-17所展示的，長尾只是一種形象的比喻，指的是一些商品的需求曲線在形狀上很像長長的尾巴。簡單來說，市場上每個用戶的需求都是根據自身實際情況出發的，但是在這成千上萬的個性化需求中，用戶之間還具有一些共性因素。處在長尾理論模型中商品需求曲線「頭部」的主流商品，就是抓住了這些共性的因素，推出的產品因為能夠滿足大部分消費者的需求而成為市場主流。但是市場上沒有一種產品是絕對可以適合所有用戶的，隨著網絡發展給予人們越來越多可以表達自己意識的機會，相互間的交流改變著彼此，消費行為開始朝著個性化發展，供給市場逐漸細分，原來的一種產品已經裂變成很多種產品，每種產品看似小眾的需求群體，聚集起來形成了一條長長的尾部。過去的幾年，針對小眾這一長尾部分，市場已經開始了一場重大而又細無聲的革命，它逐步影響我們的政治、經濟、文化和日常生活，讓人們開始重新學習如何從資源分享與開放中去挖掘價值、開發價值。

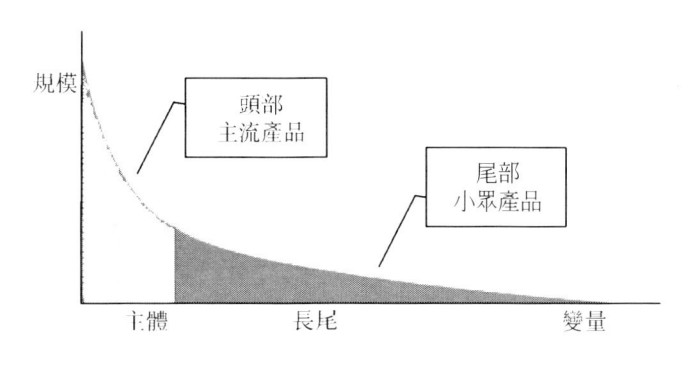

圖2-17 長尾理論模型

這個過程中，也常常有人拿被商業界視為鐵律的帕雷托法則和長尾理論做比較。帕累托法則也被稱為「二八法則」，其核心觀點是約20%的變量操縱著80%

的局面，也就是指市場上80%的業績基本來自20%的主流產品。根據該法則，市場經營往往看重的是圖2-17中曲線左端的頭部主流產品，曲線右端細長尾部的是多數小眾商品，被該定律指為不具有銷售市場且難以獲利的部分，因此，以前的市場供給者往往是重視頭部主流群體的需求。但長尾理論卻讓我們看到了市場經營的另一層面思維，廣泛的銷售面讓80%的小眾產品都有機會成為人們的需求產品，經營不再僅僅依賴於20%的主力產品。甚至是在規模總量巨大、邊際成本低廉的情況下，那些銷量小但種類繁多的小眾產品及服務，由於其需求總量龐大，尾部客戶累積起來亦能帶來較大的總收益甚至超過頭部客戶。

中國傳統金融市場低風險的固收類投資產品一直是以商業銀行存款和設有五萬元最低起購金額的銀行理財產品作為主流標配，導致市場低風險投資人的大部分資金流向依然是大中型銀行機構。這種傳統金融投資形式如同一個過於稀疏的過濾網，限制了投資人的選擇權，將大量不滿足於存款類形式的低收益或僅有小額投資能力需求的客戶紛紛阻隔在投融資市場之外。

一方面，從資金供給層面來看，居民儲蓄率規模逐年攀升，近年來已觸及50%，遠遠高於20%的世界平均水準，表明中國潛在投資需求巨大。隨著政府調控政策不斷出抬，房地產投資吸引力正不斷下降。同時，銀行理財和貨幣基金作為最受居民熱衷的類似固定收益理財產品，近年來收益率也持續下行，與此相對應的是居民收入和財富近年來仍在持續累積，居民逐漸面臨不斷增加的投資需求和供給相對不足的矛盾。除少數群體因擁有大量金融資源，可以通過專門的財富管理公司進行管理外，大部分分散在企業、機關單位和個人等主體手中的零散小額資金並沒有太多的投資選擇渠道，儘管他們本身是有強烈意願將手中閒置資金拿出來投資。這從側面反應了目前中國現有投資渠道的開放還跟不上投資需求的增長，且現有投資回報難以達到投資者的預期收益。

另一方面，從資金需求層面來看，金融市場中依然存在大量弱勢群體，如小微企業、農民、低收入人群和創業者等，其融資難的根源不僅在於難以符合傳統金融機構的融資要求，即使符合要求，從這些機構獲得融資額度也相對較小，最終導致融資渠道少，市場上也缺乏符合其信貸需求特點的產品和服務。可以說，

第一部分：共享金融——共享經濟滲透下的全新領域

不管是從供給層面還是需求層面，金融融資市場上已經出現了一條明顯的「長尾巴」，雙方都需要一個能夠提供資金共享的平臺，將他們各自的意願進行匯總、挖掘、整理後再進行一對一、一對多又或者多對多的雙向共享。儘管處於金融市場尾部的每一個參與者的金融資源或者融資需求都不算大，甚至微小，但體量巨大的尾部所產生的收益效應，將會超出人們的預想，面對傳統金融機構的產品與服務也毫不遜色。

例如，天弘基金管理有限公司成立於2004年11月8日，在往後近10年的時間裡，其在基金這塊金融市場中都屬於默默無聞的角色，直到2013年，「天弘基金」通過推出首只互聯網基金——「天弘餘額寶貨幣市場基金」（即「餘額寶」），在改變了自身地位的同時，也成為整個基金行業的新業態。該只充分吸納了金融市場上長尾客戶的「天弘基金」，其規模曾一度達到了1.6萬億元，持有人戶數為5.88億，相當於每3個中國人中就有1個是「餘額寶」客戶。這樣的成績成功幫助天弘基金管理有限公司成為國內最大的貨幣基金公司。

共享金融基於共享經濟概念而產生，它具有可以根據社會需求而創造供給的特徵，以此不斷挖掘與迅速匹配市場中長尾型投融資對象，是實現金融產品與服務供給側改革的重要途徑之一。如果說傳統大型商業銀行和金融機構是市場上提供資金的「大動脈」，那麼共享金融就如同「毛細血管」，能夠更好地往容易被傳統金融所忽視的地方輸送血液。共享金融在利用互聯網信息技術使得供需雙方在搜索成本趨近於零的前提下，則可以將這部分金融資源供求的長尾部分用戶聚集起來。

與傳統金融機構服務偏好「二八定律」中的20％客戶相反，共享金融是在投融資市場裡去挖掘餘量裡以中小微企業和個人為代表的80％長尾部分。共享金融一方面突破了傳統金融機構投資起購金額的門檻阻礙，針對投資市場中具有小額高頻投資習慣的大量長尾客戶，通過拓寬其投資渠道，在最大程度上去激活每個投資需求者的閒置資金。這種極大釋放「金融壓抑」的方式正好體現了客戶在有投資需求時，能快速以合適的價格享受到有尊嚴和高質量金融服務的普惠金融理念，並且隨著利用互聯網方式進行投資的頻率提高，逐漸形成慣性思維。另

一方面，雖然處於尾部的中小微企業和個體融資金額小，需求信息因為具有個性化而難以量化，但因為數量龐大，聚合形成的融資市場規模也不容忽視。共享金融的發展可以拓展融資空間，幫助處於金融市場需求者長尾部分的中小微企業及個人。因此對比傳統金融產品與服務，共享金融具有更多類型的投融資產品、高效性的服務和不斷吸引潛在客戶的能力，充分連接上金融市場的供給與需求。如圖2-18所示，投融資市場的需求曲線不僅可以通過豐富的交易推動其向右移動、延伸尾部，同時因為每一用戶交易量的逐步增加而加寬了長尾部分、達到最大限度滿足市場需求的大力發展普惠金融，實現供給側結構性改革的目的。

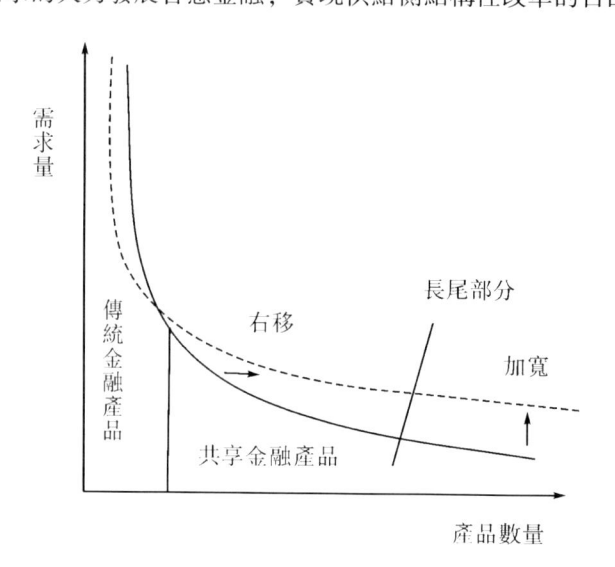

圖2-18 投融資市場的需求曲線圖

所以，共享金融通過金融產品和服務的創新，進一步豐富全方位、多場景、智能化普惠金融渠道，不斷提升普惠金融服務的覆蓋面，充分挖掘投融資市場的長尾資源，使大量長期處於金融市場的弱勢長尾客戶的融資需求得以實現，提高了人們的投資滿足感。同時共享金融平臺在經營過程中，還能利用其普惠的優勢持續不斷地將金融市場尾部客戶納入平臺，參與其中，由此提高了金融資源和金融服務的寬度與廣度，與傳統金融市場相輔相成，共建健康、完整的金融體系。

四、以低成本、親民性去實現普惠大眾

自從 2005 年聯合國第一次提出「普惠金融」這一概念後,普惠金融很快成為社會各階層所談論的熱點。普惠金融其目的是能夠以可負擔的成本為有金融服務需求的社會各階層和群體提供適當、有效的金融服務,小微企業、農民、城鎮低收入人群等弱勢群體是其重點服務對象。2019 年 3 月,李克強總理在全國政府工作報告中特別指出,需要完善金融機構內部考核,激勵加強普惠金融服務,切實使中小微企業融資緊張狀況有明顯改善。同月,財政部在《財政部關於做好 2019 年中央財政普惠金融發展專項資金管理工作的通知》中也表示要對普惠金融發展專項資金管理做出進一步強化,以切實提高普惠金融發展資金使用效益,擴大普惠金融的受眾範圍。

的確,普惠金融長期發展以來,堅持以人為本、服務於大眾的理念,體現出人是普惠金融發展的核心,只有世間大眾均享受到普惠權益,才能使普惠金融的目標得以實現。從理論上講,金融服務原本就應該覆蓋更多人群,金融服務提供者,也會從中得到更多客群和收益。但目前的傳統金融機構(如大型商業銀行)往往將貸款主要投放於國有企業等高淨值客戶,偏向於為這類群體提供金融服務。這樣的經營偏好使得商業銀行在面對金融市場長尾群體、中小微企業、農民以及創業者的時候,市場邊際成本往往居高,風險敞口較大。

前文提到過,邊際成本指的是每一單位新增生產的產品(或者購買的產品)帶來的總成本的增量。由於普惠金融服務的長尾客戶群體具有金融需求多元、地域分佈廣泛且分散、風險複雜而導致很多傳統金融機構對其風險識別成本一直居高不下。所以,如圖 2-19 所示,傳統金融機構每多完成一筆長尾部分客戶的交易,都要在風險審核部分相較大型企業融資對象來說,內容更多和耗時更長,導致時間、人工成本增加,收益更低。這種成本與收益的不匹配性帶來的傳統金融業在金融資源分配上的傾向性,成為普惠金融的最大障礙。傳統金融行業服務的體量與金融活躍度需求度嚴重不匹配的現狀,也導致因為融資規模小且信貸風險相較大型企業難以評估的小微企業、農民和個人創業者等弱勢群體只能轉而在民

間借貸中尋求融資機會，但民間借貸方式往往因為利率相較更高，導致有融資需求群體的經營成本增加。這種金融可能性的問題無法解決，以人為核心的全面、公平和持續性普惠金融也就難以實現。

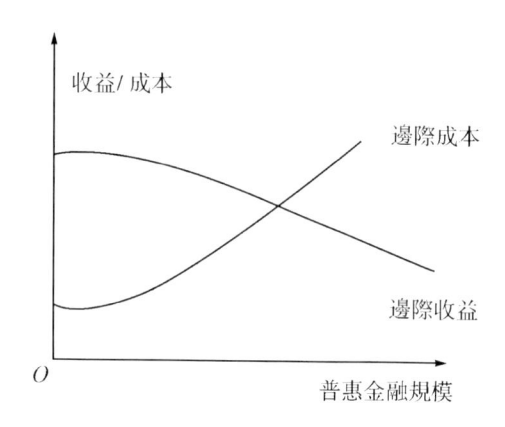

圖 2-19　傳統金融機構的普惠金融產品邊際效益

當今技術革命發展背景下，商業理念已經從最初的營銷驅動轉到技術驅動再到互聯網驅動技術升級。互聯網技術工具被普遍應用到社會各行各業，其高效、精準、即時、鎖定、低成本等價值優勢凸顯。借助互聯網信息技術發展起來的共享金融也將以上特點發揮得淋漓盡致。

這裡需要提及互聯網最主要的一個定律——摩爾定律。摩爾定律是由 Intel 創建者之一的戈登·摩爾所提出。理論內容認為當價格恒定不變時，集成電路上可以容納的元器件的數量，每隔 18~24 個月之後將增加一倍，可靠性也將提高一倍。換言之，每一美元足以買到的電腦系統可靠性，將每隔 18~24 個月翻一倍以上。無論是支撐技術革新還是緩慢迭代，如圖 2-20 所示，摩爾定律總結的趨勢一直延續至今，儘管效果放慢，但依然有效。隨著計算機信息系統進步的速率按摩爾定律持續提升，促進了電腦和智能終端，如智能手機等設備以越來越低成本的方式實現普及，通信技術持續發展促進了互聯網的區域衍生，截至 2018 年年底，中國農村網民規模達 2.22 億人，占整體網民的 26.7%；農村地區互聯網普及率為 38.4%，在兩者共同推動下，數字設備和技術正在以越來越低的成本

> 第一部分：共享金融——共享經濟滲透下的全新領域

進入人們的日常生活。

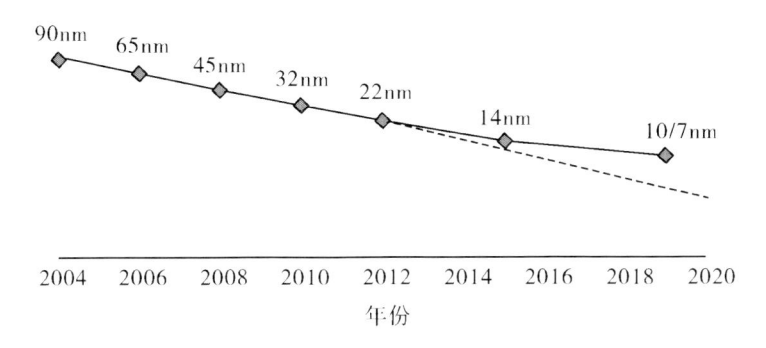

图 2-20　摩爾定律效應發展情況

資料來源：2019 年美國洛杉磯國際半導體展覽會（Semicon West）的相關數據。

　　不同於傳統金融機構每天的經營都在實體場所，共享金融的所有運行主要依賴於有計算機等設備搭建起來的網絡平臺，只要平臺搭建完畢，互聯網金融利用信息技術可以同時滿足數量巨大的客戶同時交易，每一個客戶的邊際成本非常低。因為共享金融服務所形成的固定成本一般是用於共享金融體系的資源開發、計算機設備及軟件系統研發等費用。共享金融本身的服務是虛擬服務，並不受時間和空間的限制，由此提高了金融資源的交易效率，容易產生規模經濟。規模經濟的形成可以更進一步降低交易成本，小微企業等融資難的對象就能夠以相對較民間融資更低的成本來進行交易。共享金融平臺在降低交易成本增加自身收益、實現讓用戶獲得性價比高的金融服務的同時，也就滿足「以人為本，惠民天下」的普惠金融發展要求。

　　人作為普惠金融的重心，也是共享金融的核心，共享金融經濟歸根究柢就是圍繞人們當下支付、投資和融資需求而衍生出來的新金融，人是其所處平臺上最主要的活躍參與體。根植於社會群體的共享金融，由於可以接受零星化、低淨值客戶，滿足不同層次客戶的理財需求，使得市場資金供給者與中小微融資企業可以通過多樣化的共享模式明確彼此的目的，從而進行自主選擇並得到精準匹配。供給者可以找到高於傳統間接融資的收益，而資金需求者可以獲得低於民間借貸

的貸款利率，這一方面減少了企業的交易成本，另一方面也緩解了金融市場上信息不對稱嚴重的現狀。因此，通過共享金融增加直接融資的供給方式與渠道，可以實現供給側結構性改革，真正做到金融服務於實體經濟，提高直接融資比重，豐富資本市場的層次以及降低金融市場融資成本這一目標。同時在交易中形成的多樣化共享金融產品，可以持續地以近於零的通路成本，推介給相對無限大的長尾潛在客戶，使得需求不旺或銷量不佳的產品共同所占據的市場份額可以和那些少數熱銷產品所占據的市場份額相匹敵甚至更大。共享金融的參與者可以是個人、政府、企業、機構等任何一個能夠深入高效參與共享的組織形態。共享金融的參與者在對該業態提供資金的同時，也能從中獲得收益。那些曾經「高大上」的金融產品逐漸進入普通大眾的視野，並吸引了越來越多的人去關注和使用。在這個體系中，人不僅是產品和服務的供給者，每一個參與其中的角色，無論是資金供給者、資金需求者亦或是服務者，都會得到充分的重視，以求滿足其需求。因此，親民性是共享金融吸引金融市場中長尾群體的又一優勢，推動了這種新金融不斷地向前發展。

以小微企業貸款為例，商業銀行等傳統金融機構主要是通過線下方式與融資客戶完成交易，機構間難以標準化、效率較低、成本較高且用戶覆蓋率不高，造成了小微企業長期不受傳統金融機構的青睞。「騰訊」公司卻從中發現機會，搭建互聯網金融服務平臺，以更少的團隊規模和營業網點，開拓出了小微企業信貸渠道。2014年12月，由「騰訊」為首的多家知名企業發起設立的中國首家互聯網銀行——「微眾銀行」成立。該民營銀行以純互聯網形式營運，一直以踐行普惠金融為己任，專注於服務小微企業和普通大眾。「微眾銀行」最早推出的核心產品——「微粒貸」，實現了從客戶申請、開戶到最後成功借款可以100%純線上操作，無須面簽即可放貸，且能7×24小時無間斷服務；亦推出了「微車貸」「微眾有折」「微動力」等創新產品，將貸款、支付、理財等能力與生活場景進行了有機結合；此外，還推出了國內首個服務小微企業的全線上、純信用的對公流動資金貸款產品——「微業貸」，探索在小微企業普惠金融發展的可行路徑。

第一部分：共享金融——共享經濟滲透下的全新領域

相較傳統金融機構，「微眾銀行」更加注重客戶進行網上操作的相關體驗和感受，這種全天候無縫連接的線上營運形式，在人人互聯網時代顯得更加簡易、便捷，更加親民。從普惠金融的服務效果來看，「微眾銀行」的個人貸款客戶中，有77%的客戶從事藍領服務業或製造業，平均每筆貸款僅8,200元，有73%的客戶其貸款總成本低於100元，體現了共享金融成本低的特點。這種面向長尾人群的小額貸款業務切入市場，並將金融與生活場景深度結合，致力於提供無處不在的低成本，親民性銀行服務也因此受到小微貸款客戶的青睞。

根據「微眾銀行」在2019年5月10日發布的2018年度財務報表來看，截至2018年12月31日，「微眾銀行」在成立後的4年，有效客戶人數超過1億人，覆蓋31個省（自治區、直轄市），用戶八成是大專及以下學歷，3/4是非白領從業者。有72%以上的借款人單筆借款成本不足100元；授信的企業客戶中，2/3屬首次獲得銀行貸款，體現了「微眾銀行」服務長尾的特色。經營上也已經實現扭虧為盈，營收首次突破100億元，達到100.3億元，同比增長48.63%；淨利潤達到24.74億元，同比上升70.85%。同時，銀行資產達2,200億元，比年初增長169%，是17家民營銀行中首家資產突破2,000億元的銀行。可以看到「微眾銀行」現在如此豐碩的業績就是憑藉價格低、門檻低、流程簡單、易操作的共享金融特點來吸引客戶。而「微眾銀行」客戶群體的不斷擴大，也表明其在通過服務小微企業和普通大眾助力普惠金融的發展。

回顧互聯網的幾個發展階段，雖然在Web1.0的桌面時代美國用戶數比中國的多，但在移動互聯網時代中國用戶數全面超越美國，中國網民不僅基數大，而且人均在移動設備上耗時更長，同時因為偏年輕，願意接受新事物，人均APP安裝量比美國都多。再加上區域集中度高密度大，人們分享意願受移動應用影響而被激發，帶來旺盛的市場需求。在這樣的發展背景下，共享金融低成本和親民性的內在邏輯將會不斷擴張線上融資平臺和服務的規模，繼續促進普惠金融的發展，使之前那個靠壟斷、靠信息不對稱，以及穩賺息差、佣金的時代一去不復返了，融資間接通道等中間環節變得越來越不重要。

當前，在經濟新常態、共享經濟發展、「雙創、四眾、四新」以及《中國製

造2025》等背景下，共享金融對金融市場、實體經濟和普惠目標的效用愈發清晰。利用互聯網技術、金融科技等變革為共享金融平臺搭起普惠金融供需兩端橋樑，利用大數據、人工智能等科技手段，通過數據賦能、平臺賦能、資產賦能去觸達更多人群，打通以前融資無法觸及領域，提升金融服務的覆蓋率、可得性和滿意度。金融是實體經濟的血脈，應該發揮其本質作用，更好地服務於經濟社會發展，通過共享金融模式，利用平臺以更低的成本、更親民的方式把更多金融資源配置到經濟社會發展的重點領域和薄弱環節中，更好滿足人民群眾和實體經濟多樣化的金融需求，才能迴歸金融服務的本源，這也正是發展普惠金融的本意。與此同時，平臺的投資能力、風險管理也被提升到了新的高度。因為只有在風險可控下獲取穩定的收益，才能使金融行業獲得不竭地發展動力。從這個層面看，共享金融不會取代線下金融，而是和線下金融相互協作、共同發展的新型金融市場。

在未來的發展時間裡，我們可以確定的是，借助共享金融去縮小貧富差距、助力精準脫貧、服務實體經濟，以此增進人民生活的滿足感、獲得感與幸福感，解決發展不平衡不充分的矛盾，同時通過「新金融」來實現一個公平正義的「和諧社會」，這種發展方向是可行的。對個人而言，根據國務院扶貧辦統計，1978—2017年，中國農村貧困人口減少了7.4億人，截至2017年年末，農村貧困發生率下降到3.1%，貧困人口規模為3,046萬人，雖然在扶貧方面已有明顯成果，但是脫貧攻堅戰持久複雜，要從根本上扭轉貧困局面，必須增強貧困地區和貧困群眾的金融「造血」能力，這離不開共享金融的支持。對企業而言，共享金融可以幫助中小微企業克服發展融資難、融資貴的痛點，帶動更多金融資源「脫虛向實」，投入實體經濟，喚醒金融服務於實體經濟的使命。共享金融強調與實體經濟共享共贏，使微觀主體充分享受經濟與金融發展的甘霖，助推實體經濟完善組織結構，化解金融與實體經濟間的分配矛盾。在共享金融理念指導下，現代金融將從「脫實向虛」轉向「以實為主、以虛為輔」。

第二部分

共享金融
——未來金融業將如何發展

共享金融
由中國掀起的共享創新

第二部分：共享金融——未來金融業將如何發展

第三章 「共享+金融」，重塑金融生態圈

第一節 共享金融的構建基礎

互聯網時代的思考方式，不局限在互聯網產品、互聯網企業。這裡指的互聯網，不僅僅指桌面互聯網或者移動互聯網，是「泛互聯網」，因為未來的網絡形態一定是跨越各種終端設備的，包括臺式機、筆記本、平板、手機、手錶、眼鏡，等等。互聯網思維是降低維度，讓互聯網產業低姿態主動去融合實體產業，從而依託這樣的思維方式誕生出了共享金融。共享金融是借助於移動通信技術實現資金融通、支付和信息仲介等業務的新興金融思維。它的出現不僅體現了金融民主化，打破了傳統金融壟斷現象，也大幅減少了交易成本，提高了資源配置效率。隨著移動互聯網、雲計算、大數據等新技術的迅速發展，共享金融的不斷發展、滲透將會助推多功能複合型金融產業鏈不斷構建與完善，金融產業鏈由簡單線狀結構拓展為多層次網狀形態，最終形成一種涵蓋主體、載體、要素、平臺、環境的多維網絡體系金融生態圈。這種金融生態圈也就是金融機構、金融市場、金融產品要素、金融環境之間以及參與各類金融產業鏈的實體企業、政府、個人之間通過相互作用、相互影響而形成的動態平衡系統。

波士頓諮詢公司在發布的報告中曾經提到，共享金融形態是由金融基礎設施、互聯網平臺、渠道和場景四方面有機結合構建出來的，它們是共享金融形成的基礎，也意味著共享金融平臺的正常、健康且持續性地運行發展下去，是必須要具備以上四個基礎的。因為基礎設施是金融體系賴以運行和發展的基礎；互聯網平臺是互聯網行業平臺模式在金融領域的延續和創新；渠道則是互聯網時代對金融機構傳統核心資產的重新審視，也是互聯網企業線上線下整合的重要陣地；

而場景是金融「生活化」以及「以客戶為中心」的核心體現。

一、金融基礎設施為前提條件

一直以來，黨中央、國務院都高度重視金融基礎設施在服務經濟、改善民生、提高金融資源配置效率、防範金融風險等方面的作用。2019 年 2 月 22 日中共中央政治局就完善金融服務、防範金融風險舉行第十三次集體學習。習近平總書記在主持中共中央政治局第十三次集體學習時強調，「要加快金融市場基礎設施建設，穩步推進金融業關鍵信息基礎設施國產化。」安全、高效、開放的金融基礎設施，將對中國金融市場發展和金融業對外開放起到重要支撐作用。

金融基礎設置作為金融體系中的一分子，連接著金融體系中的各個部分，是保證其能穩定、有效運行的前提條件。無論是金融市場還是金融仲介都需要金融基礎設施實現安全交易、風險對沖以及信息獲取等。因此，它是貨幣政策傳導的重要渠道，是金融市場運行的核心支撐，也是跨機構、跨市場、跨地域、跨國界開展金融活動的主要媒介。

關於金融基礎設施的定義，國內外的機構和學者看法各有側重。國外將側重放在硬件設施上，主要研究其服務支付清算和交易。2012 年國際清算銀行支付結算體系委員會和國際證監會組織聯合發布的《金融市場基礎設施原則》，將金融基礎設施定義為用於清算、結算或其他金融交易包括系統運行方在內的各個參與機構之間的多邊系統。國內部分學者的觀點則還強調了金融基礎設施的關鍵在於法律制度環境等軟約束條件。簡單來說，金融基礎設施包括兩個方面，既包括以中央銀行為主體的支付清算系統的硬件基礎設施，也涵蓋了確保金融市場有效運行的法律程序、會計與審計體系、信用評級、監管框架以及相應的金融標準與交易規則等相關制度在內的軟約束，金融基礎設施建設就是圍繞金融硬件基礎設施和制度軟約束進行的建設。

作為硬件基礎設施的支付清算系統，中國目前是以中國人民銀行（下稱「央行」）現代化支付系統（CNAPS）為核心，以銀行業金融機構支付系統為基礎，由票據支付系統、銀行卡支付系統和外幣支付系統等主要部分組成的支付清算網絡

第二部分：共享金融——未來金融業將如何發展

體系。但是，由於該系統對於可靠性、穩定性、安全性的要求極高，為防止產生系統性風險，目前主要是為銀行等金融機構服務，結清跨行交易往來產生的債權債務，存在一定的封閉性。隨著互聯網時代的不斷更迭，以第三方支付體系為首的非銀行支付清算組織成為支付市場的有效補充，逐漸滲透到傳統支付體系無法覆蓋的共享金融模式下的各種交易平臺。在金融市場上，第三方支付，如我們熟知的支付寶和微信支付隨著業務的開展，也開始逐漸扮演起了金融仲介的作用。它們對比傳統金融設施基礎，覆蓋的人群更廣，不管是支付寶還是微信支付的用戶基礎都已經超過了6億，在原有金融設施基礎上，給予了補充，讓共享金融模式得以更加順暢的發展。隨著數字貨幣開始在互聯網時代發揮著交易媒介、價值尺度和儲藏價值的職能，共享金融模式下的基礎設施建設步伐不會停止。

作為金融基礎設施軟約束條件的法律制度和監管方面，以前針對傳統金融機構，中國的徵信體系仍主要依靠中心化方案，即由央行設立徵信中心，專門負責個人和企業徵信系統的運行和維護。央行的徵信體系包括徵信的制度安排、信息的採集、提供徵信產品和服務、徵信監管等方面。由於中國徵信體系起步時間晚，衡量信用的指標主要依賴於以商業銀行信貸為主的歷史數據，包括身分識別信息、貸款信息、信用卡信息等。在共享經濟的發展滲透下，隨著共享金融的崛起，國家專門針對互聯網用戶的徵信，在完善金融基礎設施、提高信息透明度和加強金融監管方面制定和發布了一系列準備、標準。

2015年1月，央行印發《中國人民銀行關於做好個人徵信業務準備工作的通知》，要求「芝麻信用」「騰訊徵信」等8家個人徵信機構「做好準備工作」，成為互聯網個人徵信的起點。隨後在2018年5月23日，由中國互聯網金融協會聯合「芝麻信用」「騰訊徵信」「前海徵信」「考拉徵信」「中誠信徵信」等8家市場機構共同發起組建，全國第一家市場化個人徵信機構——「百行徵信」在深圳正式開業，主要業務是在傳統金融機構以外的網絡借貸等領域開展個人徵信活動，彌補「央行徵信」中心在個人信用信息領域的欠缺。隨著共享金融的發展規模不斷擴大，為確保其能在金融市場上發揮更大效用，2019年3月10日，中國人民銀行副行長陳雨露在十三屆全國人大二次會議上接受記者採訪時表示，

互聯網的金融機構在未來將納入徵信系統。在發展徵信期間，國家還陸續出抬了監管政策，為共享金融的基礎設施建設提供了堅強的後盾。

共享金融基礎設施的進化之路也是金融與互聯網結合的過程，即傳統金融互聯網化階段、互聯網金融產品階段和共享金融階段。共享金融基礎設施隨著區塊鏈技術的產生，為金融的「去中心化」提供了有效的解決思路，未來的共享金融基礎設施將會在技術支援下繼續穩步前行，為共享金融的發展扮演好基礎的角色。

二、互聯網平臺的搭建

從 Web1.0 時代到 Web3.0 時代，隨著互聯網技術的應用範圍不斷擴大，「互聯網+」的概念被提出，並一度成為 2016 年中國「十大新詞」和「十個流行語」。「互聯網+」在滲透融合到各行業領域的過程中以及催生新業態、新模式的過程中，既擴大了已有崗位數量，也產生了新的工種，有效拉動了就業，並使勞動力呈現新的組織形式。國家早在 2015 年 7 月就出抬了相關政策《國務院關於積極推進「互聯網+」行動的指導意見》，提倡互聯網的創新成果與經濟社會各領域繼續深度融合，進一步促進社會經濟發展。而實現「互聯網+」，不管是往哪個行業領域去發展融合，都必須依託互聯網平臺的搭建。

互聯網平臺本身是指連接兩個或多個針對性對象，為其提供行為規則、互動機制和服務的互動虛擬場所，並從中獲取盈利的一種商業模式。互聯網平臺發展到現在大致可分類為 ABC 三種角色，包括互聯網公司（A）、終端用戶（B）和第三方商家或服務提供者（C）。平臺模式在互聯網行業被廣泛應用，所以當互聯網開始被運用到金融行業中去的時候，也自然而然地延續了該戰略。

目前中國最有代表性的是互聯網巨頭企業跨界到金融業搭建共享金融平臺。如「阿里」「騰訊」和「百度」等，這些通過電商平臺、社交平臺和信息平臺衍生出來的線上金融平臺已經拓展到了金融的各類業務；在新興金融業態下展開的垂直型平臺，如提供投融資撮合、信息搜索匹配的 P2P、眾籌和信息搜索服務平臺；傳統金融機構在線上資源搶奪戰中雖然起步晚，但是也紛紛搭建、完善和升級自己的線上平臺；在前景一片看好的情況下，甚至通信公司的代表，中國移動、中國聯通和

中國電信也緊跟共享金融理念，紛紛擴展平臺業務，涉足線上金融項目。目前這些線上平臺如「螞蟻金服」「騰訊金融」「滿小度金融」等，有些本身依靠前期累積，聚集了大規模的用戶；有些提供給用戶有著極大黏性的服務；還有的本著有合共贏、先人後己的商業理念得到了用戶的青睞。如圖 3-1 所示，目前，從事金融相關業務的線上平臺數量已經超過 2 萬家，產生出了眾多細分行業平臺。

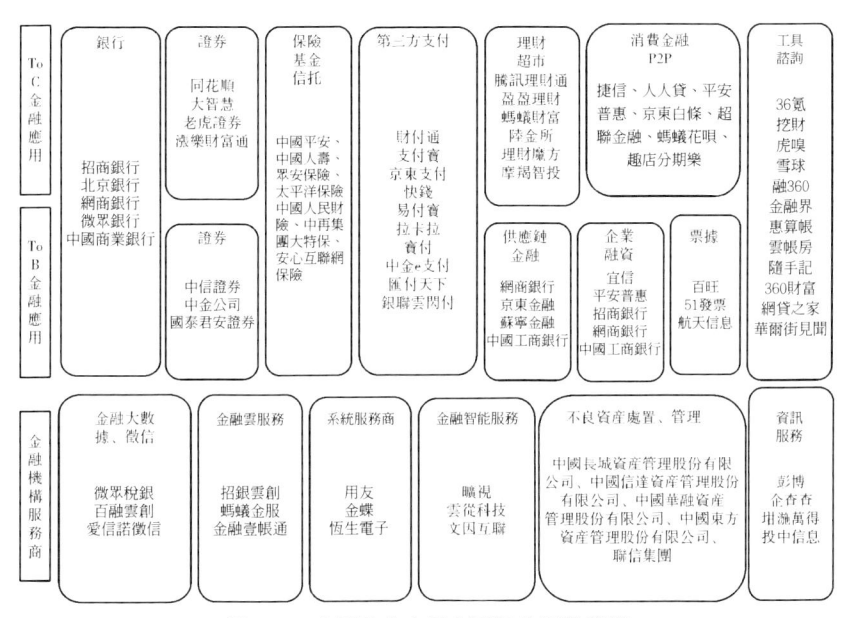

	銀行	證券	保險基金信託	第三方支付	理財超市	消費金融 P2P	工具諮詢
To C 金融應用	招商銀行、北京銀行、網商銀行、微眾銀行、中國商業銀行	同花順大智慧老虎證券樂富通	中國平安、中國人壽、眾安保險、太平洋保險、中國人民保險、中再集團大特保、安心互聯網保險	財付通支付寶京東支付快錢易付寶拉卡拉翼付中金e通匯付天下銀聯雲閃付	騰訊理財通盈盈理財螞蟻財富陸金所理財魔方摩羯智投	捷信、人人貸、平安普惠、京東白條、蘇聯金融、螞蟻花唄、趣店分期樂	36氪挖財虎嗅雪球融360金融界惠算帳雲帳房隨手記360財富網貸之家華爾街見聞
To B 金融應用		證券：中信證券中金公司國泰君安證券			供應鏈金融：網商銀行京東金融蘇寧金融中國工商銀行	企業融資：宜貸平安普惠招商銀行網商銀行中國工商銀行	票據：百旺51發票航天信息	
金融機構服務商	金融大數據、徵信：微眾稅銀百融雲創愛信諾徵信	金融雲服務：招銀雲創螞蟻金服金融壹帳通	系統服務商：用友金蝶恆生電子	金融智能服務：瞰視雲從科技文因互聯	不良資產處置、管理：中國長城資產管理股份有限公司、中國信達資產管理股份有限公司、中國華融資產管理股份有限公司、中國東方資產管理股份有限公司、聯信集團		資訊服務：彭博企查查坩潙萬得投中信息

圖 3-1　中國共享金融主要細分行業機構

數據來源：艾瑞諮詢，《2019 年中國互聯網金融行業監測報告》。

三、金融渠道的拓寬

所謂金融渠道是指根據用戶的需求進行合理規劃，運用信息技術提供各種產品和服務的通道。如果說前面的金融基礎設施和互聯網平臺都是搭建共享金融的基礎，扮演根基的角色，那麼渠道則是連接金融資源和用戶的重要管道，也是實現共享金融普惠大眾思想的根本所在。渠道是否暢通、便利和多樣化，都決定著金融資源輸送到用戶端的配置能否實現高效和優化。

以前的傳統金融機構普通銷售渠道集中於銀行、證券、信託、基金等領域，原操作模式由客戶為主體，以渠道為輔助進行交易。客戶的投資背景及投資金額是重要的因素，渠道門檻較高，服務類型較窄，選擇不多。雖然在互聯網技術的衝擊下有所改變，從1997年招商銀行率先推出網上銀行「一網通」以來，至今幾乎所有的銀行、證券公司、保險公司等都已經在某種程度上建立起互聯網渠道；但傳統金融機構的網上銀行和移動設備端渠道更多的只是將線下網點業務的流程電子化、網絡化，仍是從金融機構已有流程管理的角度進行設計，而非從客戶需求和便利的角度進行改造。因為，在Web3.0背景下，金融機構的渠道搭建並非在於技術，而是在於思維的轉變。

當前人們的消費意識和習慣已經發生巨大轉變，越來越多的人追求個性化、小眾化和簡單便利，渠道定位已經從「以機構為主」向「以客戶為主」轉型。目前，共享金融的典型渠道方式是利用互聯網技術，不需要傳統金融的支持，自主研發出投資人和籌資人的對接平臺仲介。通過仲介將需求和供給聯繫在一起，自助進行匹配，完成交易。這種創新的特點是讓交易雙方直接對接，去除了信息反向選擇的概率，並且提高了交易的效率。當然，這種依託於電子渠道、較少具備實體渠道的資產，僅僅依靠單一的線上渠道可能不一定適用於所有客戶群和場景，但還是為市場上長尾用戶群體的大部分需求提供了供給的渠道。同時，因為部分老年客戶對實體渠道的心理依賴，尤其是針對複雜產品和服務的面對面交流的需求不會消失，傳統金融機構渠道也會繼續扮演重要角色。

在這個多元終端的時代，用戶不只是使用手機這一單一互聯網終端，也非常依賴於電腦及其他互聯網移動終端設備，為金融機構拓寬金融資源渠道提供了多種思路。共享金融渠道的發展會是在保留原有線下渠道的同時，一方面將完善、優化線下業務的線上渠道；另一方面將會繼續開發、創新線上渠道，實現多渠道整合與拓寬，即客戶能夠自由選擇在何時通過何種渠道獲得怎樣的金融產品和服務，其背後是金融機構的不同渠道在產品和服務、流程、技術上的無縫對接。這意味著作為金融資源的終端，需要線上和線下機構充分發揮自己的優勢，為金融產品、服務設計更多方式的渠道，完善金融生態圈，使融資渠道變得更加通暢。

這對於擁有較多實體渠道資產的傳統金融機構來說尤為重要，需要通過兩方面的轉型來實現。

根據中國互聯網絡信息中心官方發布數據，截至 2018 年 12 月底，中國網民規模已達 8.3 億人，這意味著中國的互聯網普及率已經接近六成。與此同時，中國手機網民的規模增長速度驚人，從 2013 年的 5 億人增長到了 2018 年的 8.2 億人，中國網民中通過手機接入互聯網的比例已經達到了 98.6%。同時根據《2018 新中產白皮書》的數據，如圖 3-2 所示，截至 2018 年 10 月，社會居民特別是新中產人群在理財的幾類資產配置上，除了選擇銀行存款、銀行理財、股票、保險等傳統型金融產品外，依託網絡渠道來投資的互聯網理財產品也成為人們所需要的主要投資方式之一，位居第六，並且在投資互聯網理財工具的投資者中，持有且超過占比家庭總資產 10% 的人數比例已經超出半數。

在未來，人們對於互聯網以及智能手機等移動設備的依賴性越強，這類渠道方式對人們的生活習慣與思維的影響就會越顯突出。不同融資渠道覆蓋的對象（如小微企業、農民、個人創業者）越多，就表明共享的作用所發揮的效果就越明顯。接下來，隨著入網門檻及上網成本的不斷降低、互聯網覆蓋範圍的進一步擴大和 5G 網絡帶來的高速時代，將在很大程度上繼續影響和改變大家的生活方式，大眾對於在線上實現共享金融的接受度越來越高，這為共享金融的發展與普及奠定了良好的基礎，金融生態圈也會更加健康。

四、場景金融的生活化

12 月 13 日，度小滿金融，原百度金融的場景貸 ABS 產品「天風—度小滿教育貸 2018 年第一期資產支持專項計劃」發行成功，一期總發行額為 18.29 億元。這讓「場景金融」一詞再次成為行業關注的熱點。場景金融目前比較被公認的解釋是：人們在某一活動場景中的金融需求體驗，也就是當你在日常生活中需要金融時，它正好就在那兒讓你觸手可及。簡單來說，場景金融的實質就是金融的生活化，它讓金融不是獨立存在於人們的生活中，而是嵌入在眾多的生活場景中，讓人感受不到金融的存在，可它實際上又無處不在。人與商業的關係已經邁入「場景革

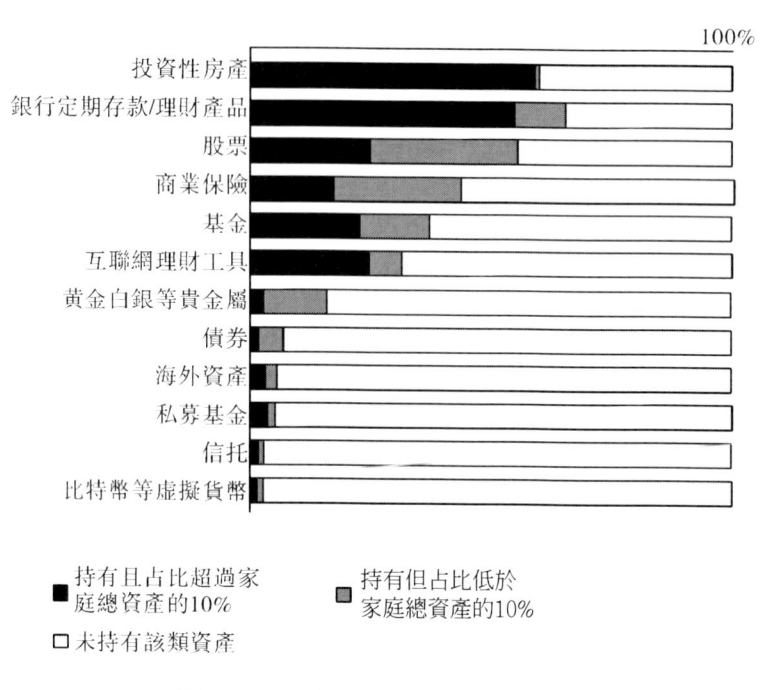

資產類別	持有且占比超過家庭總資產的10%	持有但占比低於家庭總資產的10%	未持有該類資產
投資性房產			
銀行定期存款/理財產品			
股票			
商業保險			
基金			
互聯網理財工具			
黃金白銀等貴金屬			
債券			
海外資產			
私募基金			
信託			
比特幣等虛擬貨幣			

圖 3-2　2018 年新中產各類資產持有情況

數據來源：吳曉波頻道。

命」，「場景」的建立可以更加便捷地連接供給與需求，新場景正層出不窮地被定義，新平臺不斷被新需求創造，新模式不斷在升級重塑，共享金融還會以此搭建起更多的平臺，挖掘更多的渠道，通過更大規模的共享讓共享金融覆蓋更廣的區域。

商業場景是人與人、人與商品、人與外部環境等互動連接的一種方式，是金融需求實現的場所，場景與金融是相伴而生的，人們越來越關注於移動互聯網生活，不只是移動時代的單獨場景，更是一個多場景的融合時代。從多元終端到多元需求，用戶不只是在互聯網上休閒娛樂，也在互聯網上進行各種與工作和學習有關的行為；再到多元人群，互聯網的用戶不只是年輕人，也包括更加廣泛的人群融合場景。用戶不只是在單一場景下使用單一互聯網終端，而是在融合場景下自由地交替使用不同互聯網終端來滿足自己的多元需求。

第二部分：共享金融——未來金融業將如何發展

如今，用戶使用互聯網的場景日漸豐富，可將場景分為線下場景、線上場景和融合場景，隨著線上場景無處不在，場景越來越呈現出融合趨勢，線上場景與線下場景往往同時出現，而且兩者間的界限漸漸被打破。因而，用戶往往並不在某一特定場景下使用特定的終端設備，而是在不同場景下無縫切換使用多種終端，場景間的界限被打破。場景能幫助金融機構通過大數據、雲計算去處理實現低成本，準確地判斷消費者的風險水準和消費偏好，提升消費金融用戶轉化的效率。讓機構能夠更加清楚人、時間、地點和物的關係，即在這個場景下，人會幹什麼，會想什麼。

互聯網場景能為金融業帶來龐大且低成本的用戶基礎，實現線上、線下的互動。有了充足的場景，人們將會更加主動地聚集到平臺來共享金融資源。現在越來越多的線上金融機構和公司推出了各種場景的金融產品，如P2P、眾籌、新型保險產品、「花唄」產品等金融產品不斷湧入市場，並且每種場景下的產品數量也在快速增加。以公募基金為例，如圖3-3所示，截至2013年12月31日，平臺發布的中國公募基金數量為1,552只，到2018年12月31日，這一指標已經上升到了5,626只，年度複合增長率高達29.4%。線上平臺金融產品種類的不斷豐富和數量的快速增長，滿足了更多用戶場景需求的同時，也讓共享金融的基礎形態顯得更加飽滿。

2013—2018年中國公募基金數量

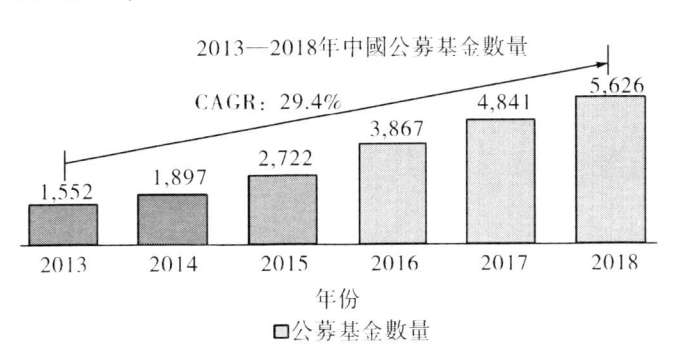

CAGR：29.4%

2013	2014	2015	2016	2017	2018
1,552	1,897	2,722	3,867	4,841	5,626

年份　□公募基金數量

圖 3-3　2013—2018年中國公募基金數量

數據來源：艾瑞諮詢。

未來，各個平臺巨頭還會持續保持著對客戶生活主場景的探索，並以此作為核心應用的切入點。這種主場景會以線下作為基礎，既有可能是線上的，也有可能是

線下的，它不一定占據客戶最多的時間，但往往連結的是客戶最基本的需求。在國家提倡大力發展普惠金融的背景下，共享金融的觸角會進一步向實體經濟延伸。

如圖3-4所示，由金融基礎設施、互聯網平臺、渠道和金融場景相互交融、影響和優化為基礎構建的共享金融形態，首先以互聯網計劃和金融基礎設施為支撐，通過多渠道方式讓用戶從單一傳統類金融機構轉變為能接觸到多種多場景的線上金融平臺；與此同時，線上投資平臺也成為金融領域的重要信息傳播渠道。其次，業內人士通過各類交易數據，經過專業技術分析以此瞭解市場動向、用戶當前需求、評估交易風險程度等。再次，可以重新開發新平臺、拓展渠道和創新金融場景來滿足市場的實際需求。最後，若要將共享金融這個資源、提高市場流動性以及普惠眾人的過程健康、有序地持續發展下去，需要對金融基礎設施進行不斷完善和優化。

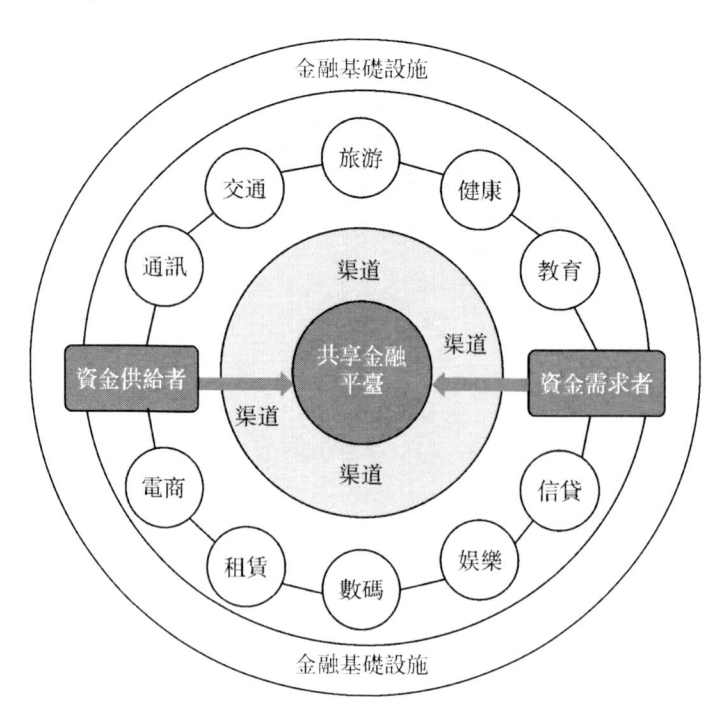

圖3-4　共享金融形態

第二部分：共享金融——未來金融業將如何發展

我們沿襲互聯網或電商的思維來看待共享金融的話，也可以說共享金融的主要要素包括：「用戶」「雲」和「端」。其中，「用戶」是這個系統的核心，「雲」包括雲計算以及構建在雲之上的數據服務、徵信平臺等基礎設施，「端」則代表了大量的應用場景以及與場景緊密相連的產品。在這個系統中，一種金融產品或服務的產生首先源自用戶的需求，當某種需求在某個場景中被發現後，再反向進行相應的產品開發，並最終將產品嵌入場景中，將金融化於無形，體現出從大工業時代的思維方式向信息時代的思維方式的轉變。隨著中國徵信體系的完善，P2P、電商網絡貸款等新的業態將迎來較大發展。更重要的是，其數據分析的模式和工具也可以為傳統金融機構所借鑑，幫助傳統金融機構真正實現小微業務的下沉。如在 P2P、電商網貸等新興融資渠道的驅動下，中國小微企業融資覆蓋率有望提升到 2020 年的 30%～40%，這意味著超過 3,000 萬家目前未被覆蓋的小微企業和個體工商戶的融資需求有望在未來幾年獲得滿足。

因此，共享金融在未來的發展過程中一定會給人們的日常生活和社會經濟帶來極其深遠的改變與影響，成為金融發展的終極目標。從金融要素和功能角度我們可以看到，共享金融已經由其極強的滲透力影響到了各個金融要素。共享金融作為一種分佈式資金融通方式，有多種融資交易的發展形態以及激勵和價值創造方式。價值不只以貨幣價值的方式體現，經濟的價值、環境的價值和社會的價值也同等重要。這種眾人參與、分佈式的平臺用戶激勵系統鼓勵人們積極參與獲利且有益的社會活動中去。在共享金融理念中，「浪費」同樣是有價值的，它只是資源被放到了錯誤的地方，效率不夠高，但依然能夠使閒置資源獲得重新分配或重新利用。共享金融的構建在於把資金配置到最能夠產生效益的地方，盡可能地減少資金浪費現象的發生。

第二節 「共享+P2P 網絡借貸」

一、共享經濟背景下的 P2P 網絡借貸

縱觀共享經濟的發展歷史,不管是哪一種資源的共享,我們可以發現它們的共同點都是基於網絡技術進步而發展起來的。「Airbnb」或是「Uber」的價值在於利用了共享經濟的商業模式,通過互聯網用戶終端將人們閒置的各類資產放置到線上平臺,在提高閒置資產閒置利用率的同時增加個人收益,還滿足了社會不同層次的具體需求。因為平臺貫徹的是公開、透明的信息制度,提高了資源配置的效率和經濟收益。簡便、及時、透明和低成本是各類共享經濟的共同特點,而這些特點恰恰是由共享平臺帶來的。統計數據表明,截至 2019 年年初,全球的互聯網用戶已達到 43.9 億人,增速 9%。數據充分表明在世界範圍內,資源供給者和需求者已經基本突破了時間和地域的限制,可隨時、隨地參與包括共享金融的各種共享經濟領域。

金融資源共享的方式其實從古代時期開始就已經有許多去仲介化的民間借貸組織,西方國家也有很多類似的團體。只是隨著互聯網和信息技術的發展,人們開始在更便捷、高效的線上平臺進行開發、建立了虛擬交易市場和社區,以此為基礎誕生出眾多全新的商業模式,P2P 網絡借貸平臺就是其中的代表之一。

從 2005 年世界上第一家 P2P 網絡借貸平臺 Zopa 在英國創立,其全新的商業模式就立刻受到各大媒體和學者們的關注與研究。P2P 是英文 Peer to Peer 的縮寫,通常指個人對個人的網絡借貸,是一種個人通過第三方平臺發布信息,獲得其他個人提供小額貸款的金融融資模式。海外知名 P2P 網站 Lend Academy 的創始人彼得‧蘭頓(Peter Renton)曾指出 P2P 平臺能解決借款人和貸款人信息不對稱問題,降低借貸雙方機會成本,加速借貸過程,有效提高資本利用率。中國代表性觀點包括謝平提出的 P2P 網絡借貸是以去仲介化為特徵的第三種融資模

第二部分：共享金融——未來金融業將如何發展

式——典型共享金融理念和《中國 P2P 借貸服務行業白皮書（2014）》強調中國發展 P2P 網絡借貸有利於解決中小企業融資難、改善中國的徵信體系、培養借款人契約精神、助推利率市場化等。總結國內外觀點，我們可以將 P2P 網絡借貸理解為點對點的借貸，指供給者（投資人）與資金需求者（借款人）通過互聯網聯繫實現資金之間的信息直接交換，通過第三方平臺將借款額度、利率、期限和還款方式等內容達成借貸協議。

二、P2P 網絡借貸的發展與模式

作為全球規模最大的 P2P 網絡借貸公司之一的「Lending Club」成立於 2007 年 5 月，並於 2014 年 12 月在紐約證券交易所掛牌上市，成為首家上市的 P2P 網絡借貸平臺。公司對自身的定位是無擔保的純信息仲介公司，即利用互聯網技術連接投資人和借款人，通過降低仲介成本的方式來實現降低借貸成本。「Lending Club」的盈利主要來源於借款人的交易費和投資人的服務費，前者一般是貸款總額的 1%~5%，後者則是投資總額的 1%，這種方式基本同「Airbnb」和「Uber」的盈利模式相同。如圖 3-5 所示，「Lending Club」公司在作為信息仲介的同時，對借款人進行信用評級，根據其信用等級和借款期限確定貸款利率後，將貸款需求在平臺上發布，當投資人認購了借款需求後，借款人向貸款公司「WebBank」簽發貸款本票，由貸款公司向借款人發放貸款，同時將這筆債權轉讓給「Lending Club」，然後「Lending Club」再將其以收益憑證的方式發放給投資人，並且全程受到證監會和州證券部門的監管。這樣的平臺交易模式風險性較小，交易成本較低，所以借款人就算可以在其他傳統信用機構借款，也會更傾向於第一選擇——「Lending Club」。

從「Lending Club」的營運模式我們可以看出 P2P 網絡借貸是通過互聯網平臺實現的去仲介化的直接借貸，其核心精神就是我們所追求的普惠金融，力求在公開、公平和公正的互聯網背景下，降低金融融資成本，讓更多弱勢群體能夠參與、共享金融資源和服務。P2P 網絡借貸作為共享金融的典型代表，借助大數據、金融科技等手段，高效地連接金融資源投資人和借款人，在降低借款成本的

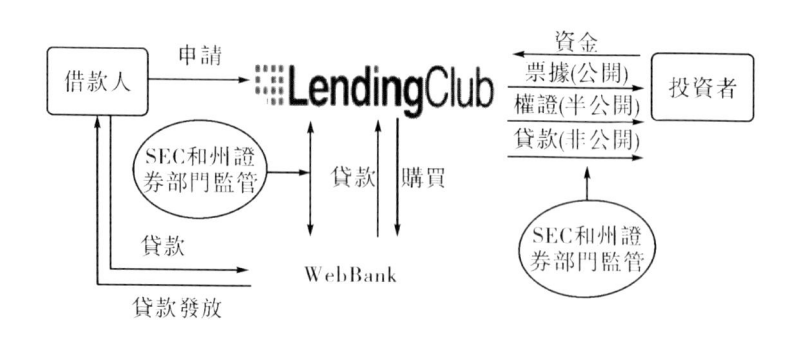

图 3-5 「Lending Club」公司的 P2P 營運模式

資料來源:「Lending Club」公司官方網站。

同時,優化金融資源和服務的配置,提高了長尾用戶的金融產品和服務可獲得性,在緩解小微企業融資難、融資貴的問題上起到了有效作用。

中國 P2P 網絡借貸始於 2007 年,首家 P2P 網絡借貸平臺——「拍拍貸」的出現讓富有創業和創新精神的投資者認識並開始嘗試 P2P 網絡借貸模式。這一階段是平臺的興起階段,全國的 P2P 網絡借貸平臺為 20 家左右,其中較為活躍的有 10 家。截至 2011 年年底,全行業借貸成交金額為 5 億元左右,參與投資者 1 萬餘人。初創期的 P2P 網絡借貸平臺基本缺乏專業借貸以及金融風險控制的背景和經驗,主要採用「拍拍貸」信用借款模式,只要借款人提供的資料通過平臺審核即給予授信額度,借款人基於該授信額度在平臺發布借款標的。

2012—2013 年,隨著共享概念的持續發展,「餘額寶」等投資產品的出現,讓人們對於財富管理的熱度達到前所未有的程度,P2P 網絡借貸平臺在該趨勢推動下進入快速擴張、爆發式增長階段。網貸之家的數據顯示,2013 年全年共出現 800 家 P2P 網絡借貸平臺,截至 2013 年 12 月 31 日,P2P 網絡借貸整個行業實現全年成交額 1,058 億元,較 2012 年 200 億元的規模增長了 429%。

2014 年中國 P2P 網絡借貸行業繼續保持強勁的增長勢頭,全年網絡借貸交易規模突破 2,500 億元,較 2013 年又增長了近 140%,其中以擔保墊付模式為主的非自融平臺大量湧現。但是當年過度的擴張導致 P2P 網絡借貸行業中的平臺

第二部分：共享金融——未來金融業將如何發展

跑路現象頻發，引起了政府和金融行業的關注。2015 年，國家發布《關於促進互聯網金融健康發展的指導意見》後，P2P 網絡借貸行業開始進入持續的行業規範期。隨後 2016 年 11 月，《網絡借貸信息仲介機構備案登記管理指引》落地，2017 年又相繼出抬《網絡借貸資金存管業務指引》和《網絡借貸信息仲介機構業務活動信息披露指引》，至此 P2P 網絡借貸行業「1+3」（一個辦法三個指引）制度框架基本搭建完成。2018 年中國互聯網金融協會還發布了《P2P 網絡借貸會員機構自查自糾問題清單》等政策來規範、完善 P2P 網絡借貸市場。

隨著行業發展逐漸回到正軌，金融消費者對於 P2P 網絡借貸的認識程度加深、參與度提高和個性化需求的不斷增加，為了滿足人們越來越多的投資需求，P2P 網絡借貸行業又開始朝著多元化方向發展，作為個人投資者針對小微金融的投資發展出的幾種營運模式，如圖 3-6 所示。

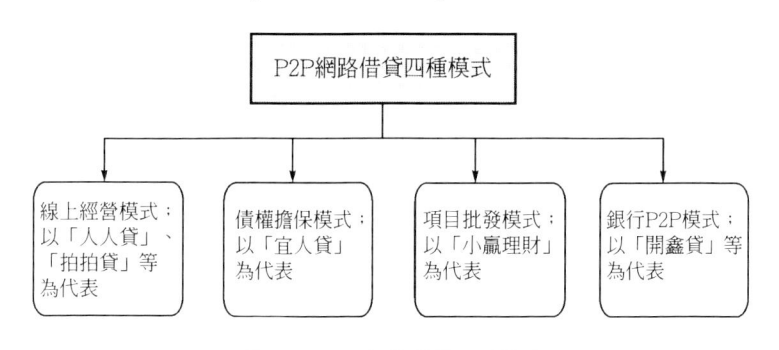

```
                    ┌──────────────────┐
                    │ P2P網路借貸四種模式 │
                    └──────────────────┘
         ┌─────────────┬─────────────┬─────────────┐
 ┌───────────┐ ┌───────────┐ ┌───────────┐ ┌───────────┐
 │線上經營模式；│ │債權擔保模式；│ │項目批發模式；│ │銀行P2P模式；│
 │以「人人貸」、│ │以「宜人貸」 │ │以「小贏理財」│ │以「開鑫貸」等│
 │「拍拍貸」等 │ │為代表       │ │為代表       │ │為代表       │
 │為代表       │ │             │ │             │ │             │
 └───────────┘ └───────────┘ └───────────┘ └───────────┘
```

圖 3-6　P2P 網絡借貸四種模式

第一，線上經營模式。以「人人貸」「拍拍貸」等為代表，主要是互聯網信息技術，整合各類線上、線下資源，借助網絡平臺對各類融資項目的信息進行發布、宣傳，並結合徵信展開借貸交易。這種模式下的平臺往往扮演純仲介角色，資金供給者和需求者均來自線上的註冊會員。這類交易基本都是提供純粹的信用無抵押借款，風險性較高。

第二，債權擔保模式。以宜信公司的「宜人貸」為代表，這種模式簡單來說是通過 P2P 作為仲介資金的樞紐平臺，面對投資者和借款者之間的錯位需求，平臺通過吸收投資人的資金，再從金額與時間上對這筆資金進行拆分，匹配多個

資金需求者；或者聚集多個投資人的資金去匹配一個資金需求者。該過程中，平臺扮演投資者債務人的同時，也是借款者的債權人，錯位的同時平臺可以累積成一個巨大的資金池。這個模式比較類似於前面提到的美國「Lending Club」公司。

第三，項目批發模式。例如在美國紐約證券交易所上市的小贏理財平臺，和眾安保險、百信銀行等形成了戰略夥伴。具體來說是對接這些線下金融機構的金融產品、服務優勢，打包資金需求，對接銀行、信託、保險等具體項目，再投放到平臺上，根據投資者自身的投資偏好進行自主選擇來實現投資者的資金匹配。

第四，銀行P2P模式。所謂P2P模式就是利用銀行自身業務資源，對部分委託貸款業務進行P2P化的嘗試。當然在目前，這一模式又進行了細分，包括商業銀行自建的P2P平臺模式，曾被平安銀行、民生銀行等銀行採用；通過第三方（母公司、關聯公司等）入股或設立獨立的P2P平臺模式，國家開發銀行的「開鑫貸」就是採用這種模式，「開鑫貸」遵循「商業銀行+小貸公司+結算代理行」的營運模式，國家開發銀行擔任平臺業務交易過程中的資金結算銀行，給客戶帶來高度的安全感，同時線上、線下充分結合；還有銀行與P2P網絡借貸平臺的合作模式，以2012年蘇州銀行和點融網合作的「點融」P2P平臺為代表，可以大大地減少由於中國P2P行業法治建設不完善以及P2P網絡借貸平臺因為行業風險防範不完善而帶來的潛在風險。

三、P2P網絡借貸所發揮的效應

這種通過去仲介化的金融創新模式，以降低融資成本，推動閒置資金在社會中合理有效分配的小微金融，正是中國大力提倡發展普惠金融的核心，充分體現了「共享」的內涵。

首先，P2P網絡借貸有利於推動普惠金融的發展。普惠金融是指立足機會平等要求和商業可持續原則，以可負擔的成本為有金融服務需求的社會各階層和群體提供適當、有效的金融服務。小微企業、農民、城鎮低收入人群、貧困人群和殘疾人、老年人等特殊群體是當前中國普惠金融的重點服務對象。普惠金融所謂的「普惠」，就是要讓金融服務能夠惠及社會各個階層和群體，而之所以指明重

第二部分：共享金融——未來金融業將如何發展

點服務對象，是因為之前的金融服務體系尚未惠及這些群體，或者服務不足。從融資需求來說，這些重點對象，無論是小微企業、三農領域，還是低收入群體，因為城鄉「二元」體制格局導致金融資源不斷向城市聚攏，農村金融的需求長期難以得到滿足，同時由於地區間要素稟賦差異，但金融資源卻主要流向東部和沿海發達地區，中西部等欠發達地區的實體經濟發展的金融支持力度明顯不足。不管何種原因，長期以來他們都是被以銀行為代表的正規金融機構所忽略的群體。而P2P網絡借貸在中國的定義本身就是根據《中國P2P借貸服務行業白皮書（2014）》中的內容所提及的，它主要服務於以上所描述的這類融資市場中的弱勢群體。在共享經濟理念的助推和互聯網技術的發展下，可以說P2P網絡借貸本著「普惠大眾」的思想，從時間上、空間上打破了金融資源的流動限制，在一定的規則和監管下，通過平臺的信息互換，給這類群體提供了一個參與門檻低的借款渠道，體現了普惠金融的廣泛參與性，促進了金融資源的合理分配。

其次，P2P網絡借貸給予參與者更多自主權，流程更加簡便和高效。我們以「拍拍貸」的線上營運模式為例，如圖3-7所示，借款人在P2P平臺發布借款信息，借款利率由借款人自行設定，平臺在審核了借款人的個人信用等信息後，將借款人的借款信息發布至平臺，潛在出借人再自主考察評價借款的資信狀況，自主決定是否向該特定借款人出借資金。該運作模式中，平臺只負責制定交易規則。

圖3-7 「拍拍貸」網絡借貸的交易流程

資料來源：「拍拍貸」官網。

在以上交易流程下，從投資人的角度來說，金融資源的投資人可以自由選擇平臺，根據自己偏好自主選擇貸款對象，可以將資金全部出借給一人，也可以將

資金進行拆分後，按照不同借款價格出借給多個借款人，平臺的資產管理方式往往對出借人的審核流程相對高效，可以快速放款，且資金流動性好；借款人可以通過平臺充分表達自己的借款需求，展示體現自己偏好的金融產品，促進投融資雙方能夠更快、更準確地瞭解市場的資金偏好和需求。P2P網絡借貸平臺利用互聯網技術、移動通信和大數據等信息技術手段，極大提高了用戶間需求信息搜索的效率，平臺的開放共享性幫助投資人和借款人雙方能夠快捷、低成本跨越地域限制，突破時間障礙的針對借款人如個人信用記錄、借款用途、期限、借款方式、借款利率和期限等信息的快速獲取。在這個去仲介化的過程中，降低了交易雙方的信息不對稱性。投資人和借款人在通過對信息的獲取充分瞭解雙方彼此的需求後，只要資金借貸意願達成一致，該平臺便可以通過網絡迅速放款，完成交易。如果平臺上通過搜索投資人或借款人都沒有找到適合的匹配對象，還可以立即登錄其他平臺，繼續尋找適合的匹配對象進行投資交易。

這種方式有利於市場中個性化的資金需求和多樣化的資金供給雙方的自主匹配，提供融資交易的成功性。簡單來說，P2P網絡借貸交易方式因其操作簡便、高效、靈活的特點，也使其符合普惠金融方便快捷性的特點。

最後，P2P網絡借貸符合社會發展的金融需求。中國正在跑步進入中產社會，新中產這一群體的生活理念會成為中國商業在未來20年中最重要的趨勢和最大的機會，不論對企業還是對個人而言，皆是如此。如圖3-8所示，截至2019年5月，中國有48.8%的理財用戶主要是通過「自主挑選」的方式選擇理財產品，而在這些自主挑選的用戶理財產品配置類型中，雖然傳統銀行的理財、貨幣基金依然是首選，但仍有超過40%的用戶會自主選擇P2P網絡借貸類金融產品，這個占比已經超過投資型保險等產品位居第四。

依託互聯網產生的P2P共享金融類產品之所以會有如此驚人的占比，一方面是因為在互聯網信息化時代，「餘額寶」這類產品的橫空出世讓人們的理財意識逐漸提高，更加樂於主動進行資產的財富管理，而P2P網絡借貸這一類平臺的方便、快捷等特點能夠迅速滿足這類人群的需求；另一方面，共享經濟的持續發展使得人們不再被動接收信息，更喜好展示自我和表達自我需求，消費習慣和

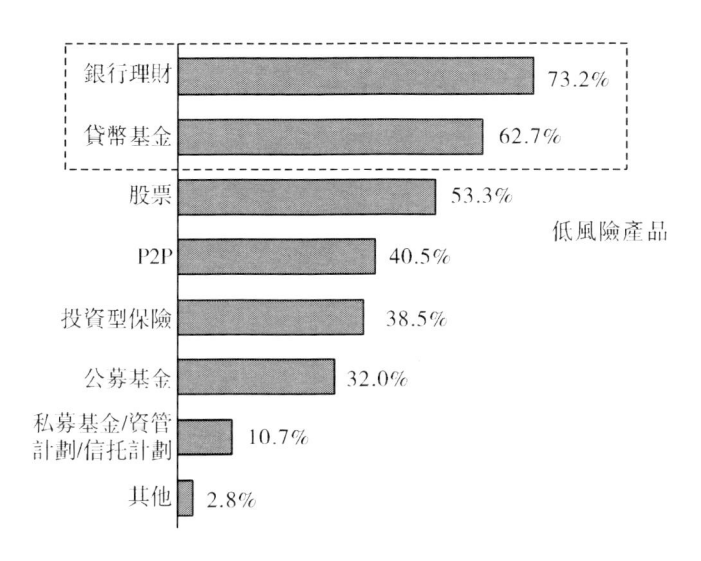

第二部分：共享金融——未來金融業將如何發展

產品	比例
銀行理財	73.2%
貨幣基金	62.7%
股票	53.3%
P2P	40.5%
投資型保險	38.5%
公募基金	32.0%
私募基金/資管計劃/信託計劃	10.7%
其他	2.8%

（銀行理財、貨幣基金為低風險產品）

圖 3-8　2019 年中國自主挑選的用戶理財產品配置類型

數據來源：艾瑞諮詢，《2019 全球智能理財服務分級白皮書》。

需求趨向於個性化、定制化。隨著共享金融滲透社會的各個經濟領域，金融產品和服務已經產生了巨大變化。金融消費者的需求成為新金融產品出現的原動力，P2P 網絡借貸也正是在這樣的背景下誕生的；同時這種新金融產品的出現又讓消費者的需求繼續被細分，個性化、定制化的趨勢越加明顯。可以說 P2P 網絡借貸平臺的出現，為金融發展向「需求導向」「消費者為中心」的方向前進注入了強勁動力。P2P 網絡借貸平臺利用金融科技、通信技術來瞭解每位用戶的當下需求，以此將傳統「標準化」的金融服務逐步向「個性化」「定制化」延伸，通過提供多樣化、不同風險組合的投資決策來滿足社會的金融需求。

四、中國 P2P 網絡借貸現狀及前景

中國 P2P 網貸行業經過了雨後春筍般的初始發展期、野蠻生長的快速擴張期以及狂風暴雨般的風險爆發期，截至 2018 年年底，中國網絡借貸普及率位居世界前列，同時其網絡借貸交易額也位居全球首位，達 1,789 億美元，並且資金

进一步向头部平台聚集，行业集中度越发上升。如图 3-9 所示，平台数量从 2013 年的 800 多家在 2016 年达到峰值，其中，广东、北京与上海继续排名正常营运平台数量的前三位。但由于期间 P2P 行业缺乏全面的监管，滋生了大量非法经营的问题平台，随着监管政策出抬，政策收紧，问题平台资金链断裂，P2P 网贷行业也出现了一系列的「爆雷」情况，平台数量经过停业或转型后，逐渐下降，目前，由网贷之家发布的 P2P 网贷行业 2019 年 4 月月报显示，截至 2019 年第一季度末，P2P 网贷行业正常营运平台数量为 973 家，整个 P2P 行业进入了政策调整期。

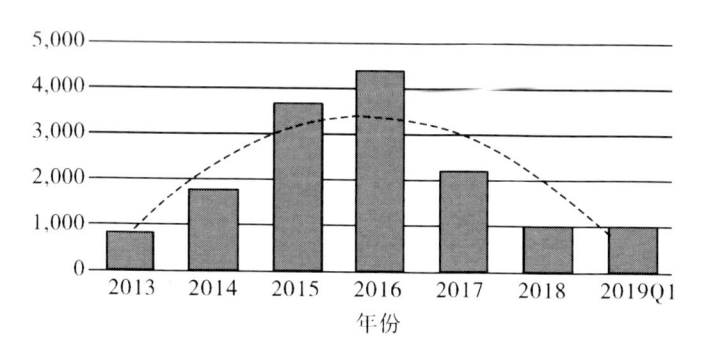

图 3-9　2013—2019 年第一季度中国 P2P 网络借贷平台数量走势

数据来源：网贷之家。

以上 P2P 网贷市场风险的屡次爆发以及平台数量的持续减少（尤其是头部平台的「爆雷」）降低了投资者对于 P2P 网络借贷行业的投资信心，这也对该行业在将来的健康发展造成了一定的冲击。好在，随着政府监管政策的大力推进与逐步深入，各项政策相继出抬，P2P 网络借贷行业现已慢慢回暖复甦。首先，中央政府先后出抬了《关于报送 P2P 平台借款人逃废债信息的通知》《关于开展 P2P 网络借贷机构合规检查工作的通知》和《P2P 网络借贷会员机构自查自纠问题清单》等相关条例。在全国统一标准的基础上，由于 P2P 网络贷款平台本身具有全国展业的特点，各地金融监管部门很难形成统一的监管标准。因此，北京、上海、重庆、浙江和广东省等地方政府相继出抬了如《网络借贷信息中介机

第二部分：共享金融——未來金融業將如何發展

構事實認定及整改要求》《上海市網絡借貸信息仲介機構合規審核與整改驗收工作指引表》以及《關於進一步落實網絡借貸信息仲介機構整改要求的通知》等地方性 P2P 網絡借貸行業相關政策。2018 年 11 月 13 日，P2P 網貸行業監管制度制定正式被確定為中國銀行保險監督管理委員會（下簡稱「銀保監會」）的職責。至此，P2P 網貸被明確納入銀保監會的管理，以此促進 P2P 網絡借貸平臺在市場上健康發展。

雖然 P2P 網貸行業風險形勢依然錯綜複雜，存量風險尚未完全消化，增量風險時有發生；但是，對於 P2P 網絡借貸平臺國家依然對其保持肯定的態度。為了防範系統性金融風險爆發，監管層將會持續加大政策的逆週期調節，通過完善監管體系，建立豐富的、市場化徵信體系，跟進全國或地區退出指引機制的出抬，協助平臺的有序發展，並充分利用金融科技將資金撮合，並高效地配置到實體經濟發展的重要環節，提高 P2P 網絡借貸行業的融資能力，為普惠融資主體提供一個相對靈活的直接融資渠道，這是現階段的一個重要的出抬的政治任務和政治方向之一。

第三節　「共享+眾籌」

一、眾籌——群體的力量

1977 年，著名凝聚態物理學家、諾貝爾物理學獎得主菲利普・德森（Philip W. Anderson）在 Science 上發表了一篇名為「More Is Different」的傳世之作，意思是東西多了，事情就變得不一樣了。自然界有魚群、鳥群和羊群等，人類的世界當然也就有人群。這種由許多人構成的人群，漢字用「眾」一字來表示，而人多了，事情也自然就變得不一樣了。出自《中國諺語總匯・漢族卷》裡就有一句「眾人拾柴火焰高」，常常用來形容人多勢眾、團結力量大。近年，「眾籌」這個字眼突然出現在我們身邊，至少我們可以領會到這一定是和很多人有關係的

東西。

　　眾籌是由「Crowd Funding」一詞翻譯而來，即大眾籌資。如圖 3-10 所示，它是小企業、藝術家或個人作為融資者，借助於互聯網眾籌融資平臺，向公眾展示他們的創意，說明融資意圖，爭取大家的關注和支持，進而獲得所需要的資金援助。眾籌主要包括三個參與方：項目籌資人、眾籌平臺方和項目投資人。相對於傳統的融資方式，眾籌顯得更加信息透明和開放。只要是參與者喜歡的項目，融資者都可以通過眾籌的方式獲得項目啟動的第一筆資金，為更多小微型經營企業或創業者提供了開啓創業或擴大經營的可能。它類似於 P2P 網絡借貸融資的方式，是融資者借助於互聯網上的眾籌融資平臺為其項目向廣泛的投資者融資，但兩者又有著內在的區別。眾籌雖然是一種融資活動，但是也與眾包相似。所謂眾包是指企業在生產或銷售產品時將某一具體任務通過網絡以公開的方式外包給大眾，其核心理念在於「用集體的智慧或理念來創造效率」。因此，參與眾籌的投資者不單純是為項目進行融資，還有可能積極參與項目實施，為項目的實施出謀劃策。對應眾籌的融資者們，他們也不只是簡單的融資，還時常能通過眾籌這一方式獲得外部資源在技術和管理經驗上的幫助。

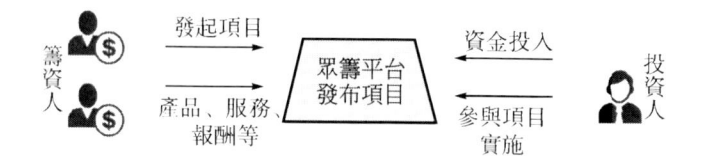

圖 3-10　眾籌融資模式

　　如果放在過去，那個時期每個人的思想與能力趨於同質化，眾籌這種資源結合的形式並沒有實現的基礎。隨著中國國民經濟和移動互聯網的發展，為人們帶來了更為豐富的信息與便捷的交流溝通渠道，使人的信息資源與能力得到提升，思想有了極大的解放，由此迅速持續影響著人們的行為和生活方式。現在的人們在得到物質滿足的同時，也已開始追求精神上的滿足，精神需求是多元化且個性化的，不同的個體在不同的場景要求得到的需求也是不同的。習近平總書記在黨的十九大報告中曾強調，中國社會主要矛盾已經從人民日益增長的物質文化需要

第二部分：共享金融——未來金融業將如何發展

同落後的社會生產之間的矛盾轉化為人民日益增長的美好生活需要和不平衡不充分的發展之間的矛盾。因此，需要更多層出不窮的產品或服務設計來同時滿足人們日益龐大的物質和精神需求，緩解這種社會矛盾。

而眾籌簡單來說，就是緩解社會這一「痛點」的有效藥劑之一。因為眾籌的內涵就是連接人的工具，讓「人」成為「眾」，通過眾籌的方式可以將社會資源、智慧、渠道、人才、空間和平臺等資源統統連接起來，將其發揮出最大的效用。無論是發起眾籌還是被眾籌，都是人們的需求和供給希望在一起產生出火花，只要雙方擁有的資源和需求的資源能夠互補，那麼火花就會產生，眾籌就能夠發生。

由此我們可以看出，眾籌與共享經濟的「共享」一樣，同樣都是基於用戶衍生而來。如果說共享經濟是通過資源的共享來實現價值的最大化，那麼眾籌就是通過創意、想法的共享來實現眾人的支持，兩者最終同樣實現的是價值的最大化，所以眾籌能夠成為共享金融的重要組成部分。互聯網技術的發生，讓人們擁有了能夠頻繁的交流渠道，交流的便捷讓「社交群體」的組合成為一種常態，而「社交群體」則為眾籌提供了良好平臺與組織形式。人們通過這種去仲介化的形式進行直接交流，並且實現金融資源的配置，同樣也讓眾多獨立個體能夠以投資人的身分參與到金融產業鏈裡去，成為個性化的資金直接供給者。由「個人」匯聚成為「眾人」而形成的眾籌資金，也會為共享金融「人人參與，普惠大眾」理念貢獻一分力量，有效地服務於大眾，緩解社會金融資金發展不平衡的矛盾。

二、眾籌——從美國到中國

現今社會，每個人有著各式各樣的需求，同時每個人也有著五花八門的閒置資源，儘管個人的資源總是有限。有沒有一種可能性能夠將各種需求、各種資源進行聚集，讓需求和資源進行合理的碰撞呢？眾籌針對這個問題給出了答案。

2009年4月在美國紐約，眾籌模式的鼻祖「Kickstarter」成立。作為一家專門為具有創意方案的企業籌資而搭建的眾籌網站平臺，第一個項目就是眾籌了一

本名為「New York Makes a Book」的書，創意者當時希望由100個人各自貢獻30美金和一篇文章，來共同完成這本書。沒想到很快就有人積極回應，最後大約110位參與者貢獻了3,000多美元，這本書也由此誕生出版了。「Kickstarter」的這種眾籌運作核心理念就是讓大眾在這個平臺上幫那些創意人士和創業者實現夢想。同時，Kickstarter的盈利模式也非常清晰，它會從所有成功的項目募集的資金中收取5%作為盈利，但「Kickstarter」對網站上的項目不擁有任何權利，它只是提供一個平臺。

2015年，「Kickstarter」宣布正式轉型為公益眾籌平臺。這是一種相對新型的組織形式，被美國部分州寫入了法律。相比傳統商業公司，「Kickstarter」會抽取稅後5%的利潤去支持藝術和抗爭不平等的活動，並保證向公眾保持透明，每年報告社會和環境狀況。同年9月，「Kickstarter」宣布正式登陸新加坡和中國香港地區，其多元化的發展路徑，已經讓其找到了自己的優勢。

相較國外的眾籌發展，國內的發展並沒有遲到多久。2011年5月，也就是Kickstarter宣布成立不到兩年的時間，中國第一個獎賞式眾籌網站——點名時間成立，之後常被稱為「中國的『Kickstarter』」。點名時間同樣是一個發起和支持創意項目的平臺，無論是獨立電影、創新設計還是高科技產品，都可以在平臺發起項目，向大眾進行推廣，以此獲得融資來完成項目。該平臺前後成就了《十萬個冷笑話》《大魚海棠》等大家熟知的項目。而這一萌芽階段，大眾消費者關注的主要是實實在在的產品，可以被稱為國內眾籌1.0時代。

2014年，隨著互聯網技術和互聯網金融的發展，人們的消費行為的個性化越發突出。眾籌平臺建立者明白要讓用戶習慣眾籌這種消費模式，就必須針對用戶喜好，尋找合適團隊帶來實實在在的產品，完善籌前、籌後工作，形成良性銷售路線。由此，巨頭主導的眾籌2.0時代到來。互聯網巨頭們的加入改變了原本的眾籌規則，結合大數據的全新眾籌平臺開始興起。2014年，「阿里巴巴」發布了「淘寶眾籌」，「京東金融」發布了「京東眾籌」，「百度」內測了「百度眾籌」，而「平安保險」則發布了「平安前海眾籌」。不甘示弱的「蘇寧易購」和「國美電器」也先後在2015年年初搭上這輛車，陸續推出自己的眾籌平臺。眾籌

> ## 第二部分：共享金融——未來金融業將如何發展

2.0 時代和眾籌 1.0 時代最大的不同在於數據營運，這種數據分析讓電商平臺的消費信息變成了幫助創業公司打磨產品的重要依據，從數據中發現用戶痛點，有針對性開發用戶想要的產品，用眾籌方式迅速吸引人氣，借此提升了眾籌平臺的眾籌成功率。

儘管如此，大跨步式的眾籌 2.0 時代也帶來了平臺違規操作、信息虛假等問題。在眾籌門檻不夠嚴格的背景下，無論是對消費者還是眾籌平臺來說，這些項目都是有害無益的，成為行業一時陣痛。之後的 2017 年是眾籌行業深度洗牌的一年。眾籌網站不但為用戶提供更豐富的項目和明確的回報內容，也開始逐漸轉變用戶對眾籌產品的態度。眾籌 3.0 階段由此拉開帷幕。如圖 3-11 所示，眾籌從國外興起再到中國的眾籌 1.0—3.0 時代，經歷了一系列的變革。在規範洗牌的主基調下，一批沒有競爭力的平臺，逐漸退出舞臺，而有資本和巨頭加持的平臺，如「開始吧」「京東眾籌」「淘寶眾籌」「蘇寧眾籌」「小米眾籌」等，牢牢占據了逾半壁江山，保持平穩發展。據不完全統計，如圖 3-12 所示，同樣的眾籌平臺其數量是在 2016 年達到了頂峰，有 531 家，截至 2018 年年底，中國上線過的眾籌平臺共計約 860 家，融資金額累計超過了千億元，目前處於營運狀態的眾籌平臺共有 145 家。

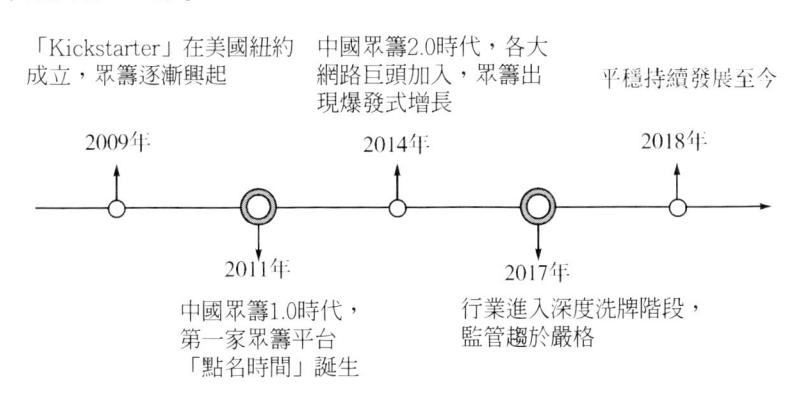

圖 3-11　眾籌平臺的發展時間線

資料來源：根據公開資料整理。

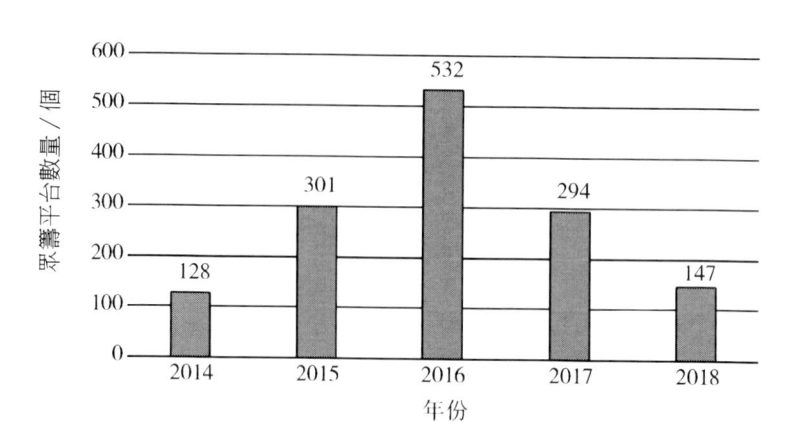

圖 3-12　2014—2018 年中國營運中的眾籌平臺數量趨勢

數據來源：根據公開資料整理。

　　另外，根據京東金融研究院的數據顯示，目前活躍在 100 多家眾籌平臺上的企業約一半數量的實繳資本在 100 萬元及以下，年度銷售收入 500 萬元及以下，並且年度稅後利潤也均低於 100 萬元，這充分說明了中國的小微企業是目前參與眾籌平臺的絕對主力軍。同時，2018 年上半年，中國眾籌平臺共獲取項目 48,935 個，成功項目數量為 40,274 個，成功項目融資額達到了 137.11 億元，相比 2017 年同期成功項目融資總額 110.16 億元增長了 24.46%，行業整體數據比較樂觀。不過我們從前面的數據可以看出，眾籌平臺的下降趨勢與成功項目、融資額走高的趨勢呈相反態勢，這說明中國的眾籌行業並未遇冷，而是在不斷優化平臺和項目的質量，行業已經出現了頭部平臺資源聚攏的趨勢，實現了集中化。國內眾籌在經歷了從誕生到爆發再到平穩發展的過程後，逐漸朝著更加規範合理的方向發展。隨著「大眾創業，普惠大眾」的時代到來，眾籌還會不斷升溫，為共享金融的發展添磚加瓦。

三、眾籌——萬物皆可籌

　　在互聯網眾籌這些年的發展過程中，眾籌思維的多維度為人們打開了思路，互聯網和通信技術的不斷進步讓各種眾籌想像力成為可能。作為一個獨立個體，每個人都有自己所需求的資源，也有閒置的資源，這些資源的不同組合型就形成了我們不同的眾籌維度視角。

第二部分：共享金融——未來金融業將如何發展

首先，你需求的資源和我需求的資源可以形成眾籌，再把雙方或者多方的需求進行組合，幫助個人或者企業降低資源成本，創造額外價值，例如通過眾籌實現整合，更大規模的需求更容易獲得上游供應商的議價權，又比如「滴滴出行」這一類平臺通過兩端需求的整合，創造了極大的商業價值；其次，你閒置的資源和我閒置的資源同樣可以眾籌，主要是將眾人擁有的資源進行整合，實現商業模式的升級，提升企業競爭力的同時減低企業風險；最後，你需要的資源是我有的資源，或者你有的資源是我需要的資源，雙方存在互補的關係，通過眾籌的方式，在滿足對方需求的同時也解決了自己的閒置資源。運用眾籌思維多維度調動社會資源，發展更多眾籌項目，緩解人們仍有需求尚未得到滿足的問題。舍得、利他、互惠互利、共享收益、實現需求、優勢互補的群體發展就是眾籌的本質。對於創業者而言，眾籌更是一個絕佳的機會，通過眾籌，你可以充分發揮槓桿的力量，充分調動身邊所有的資源，輕鬆的運作創業項目。

在如此多樣的眾籌維度視角下，這幾年眾籌平臺的發展模式形成百花齊放的狀態，內容上包羅萬象。

2014年12月17日，籌備了近八年的動畫電影《西遊記之大聖歸來》已經進入最後的宣傳發行階段。相比半年前接手時資金上的捉襟見肘，出品人路偉更開始擔心這部缺明星、缺顏值、缺話題的動畫電影如何能吸引觀眾走進電影院。一時興起，他在朋友圈發了一條消息為《西遊記之大聖歸來》的宣發經費進行眾籌。寥寥數語只是說明了這是一部動畫片，預計2015年春節上映。另外，作為出品人的他保底分紅。出乎意料的是，在不到5個小時的時間裡，就有幾十人加入，籌資超過500萬元。一個星期之後，《西遊記之大聖歸來》的眾籌項目共籌集了780萬元，有89名投資人參與。他們以個人名義直接入股了《西遊記之大聖歸來》的領銜出品方「天空之城」，直接參與到這部投資合計約6,000萬元的電影項目中。最後《西遊記之大聖歸來》取得空前成功，總票房突破9.57億元，並且在2019年動畫電影《哪吒之魔童降世》上映前，一直保持國產動畫電影票房冠軍的成績。出品人路偉的這次一時興起獲得融資的模式，就是眾籌五類模式之一的股權型眾籌模式。目前中國的眾籌主要包括以下幾種模式：

第一，股權型眾籌模式。股權眾籌融資是公司面向普通投資者通過出讓一定比例股份的方式籌集資金，投資者通過出資成為公司的股東之一，同時在未來獲得一定的收益。股權眾籌作為一種新型融資方式，是多層次資本市場的重要組成部分，主要服務於初創企業或小微企業的初期發展階段，該眾籌模式應用的領域包括軟件、計算機和通信、消費產品等。

有意願進行股權眾籌的小微企業往往通過眾籌平臺向大眾如實披露企業的經營類型、經營業績、財務、資金動向等主要信息，投資者在對企業進行充分瞭解後，在確認自己是否具備相應風險承受能力後再選擇是否參與眾籌。目前中國的股權眾籌主要是單個項目融資金額高，涉眾相對不廣，項目集中分佈於少數「頭部」眾籌平臺，眾籌參與度高。平臺以「人人創」「眾籌客」「眾籌中原」等為代表。

第二，權益型眾籌模式，又稱回報眾籌。這類眾籌是指在投資人參與項目或公司眾籌中，可以獲得一定非金融性如產品或服務作為獎勵回報，對投資人來說這種獎勵僅是一種象徵，可以由項目發起人來提供，也可以由某投資人來提供，如某些商店或會所的 VIP 資格、具有紀念意義的 T 恤等。這種眾籌模式通常會應用在一些創新項目的產品融資上，包括電影、音樂以及技術產品等。本書之前提到的「Kickstarter」眾籌平臺就是典型的權益型眾籌模式，在中國具有代表性的平臺有「點籌網」「淘寶眾籌」「開始吧」等。但因為中美國情差異，國內產品創意式的權益眾籌發展因為平臺上的創意新意少，所產生的吸引力不夠大，因此平臺融資規模不如前面的股權式眾籌。

第三，公益型眾籌模式，又稱捐贈眾籌。這種類型的眾籌不以營利為目的，對投資者來說沒有任何實質的獎勵，一般非政府組織大都採用這種方式為特定的項目進行眾籌。

基於捐贈的眾籌雖然也是一種募捐的方式，但是與傳統募捐活動不同的是，這種眾籌模式是專門為特定的項目進行的募捐，在捐贈之前捐贈者是瞭解此次捐贈款項的具體用途的，並且他們也很樂意為此次眾籌活動貢獻自己的一分力量。捐贈者參與基於捐贈的眾籌主要動機都是社會性的，項目資金額度比較小，涉及教育、宗教、健康、環境等具有社會公益性的內容。中國具有代表性的公益型眾

籌平臺包括「水滴籌」「騰訊樂捐」「米公益」等。

第四，物權型眾籌模式。相較於前面幾類傳統型互聯網眾籌，物權眾籌興起於 2015 年，算是後起之秀。它主要是指通過互聯網平臺向大眾籌集資金，用於購買實物資產，然後通過資產升值變現獲取利潤。物權眾籌的回報可分為經營分紅、租金分紅以及物權的未來增值收益等。簡單來說，物權眾籌其實就是眾籌投資人一起出錢購買某一類產品，然後把該產品再以高出購買時的價格賣出去，從而賺取一定的差價收益。國內做得最多的是汽車眾籌或二手車眾籌，代表性的平臺有「維 C 物權」「錢車網」「智仁科」等。

第五，綜合型眾籌模式。這種是指為社會中有創意、有項目的創業者提供募資、投資、孵化、營運一站式綜合眾籌服務，協助項目發起者實現其創業目標。該類眾籌平臺上項目類別比較豐富，包含智能科技、影視娛樂、音樂書籍等多種類別的項目。

中國的這五類眾籌平臺其本質是通過合作創造共享價值。雖然傳統的商業本質也是合作創造價值，但眾籌具有共享的屬性，合作對象的數量較多，可以根據項目發展需求引流更多的眾籌投資人和資源。從共享金融的角度來看，眾籌使小微企業等社會融資弱勢群體有了更多獲取金融資源或服務的渠道。根據《2019 互聯網眾籌行業研究報告》發布的數據，如圖 3-13 所示，這五類眾籌平臺雖然在國家採取行業規範後，數量上有所減少，但每一種類型都還有眾籌平臺活躍於市場中，依舊能夠在小微企業模式升級、產業轉型、個人創業等方面發揮作用。

未來，眾籌 3.0 時代將會繼續把重點放在注重用戶參與度和體驗感上。一方面，眾籌平臺將更加深度地介入項目當中，甚至直接面對用戶，通過深度營運讓用戶體驗到更加安全、穩健的投資體驗。以「興發米汽車眾籌」為例，車輛評估團隊不僅僅是為平臺，也是幫我們眾籌參與者降低風險，同時「直營+仲介」的模式，將眾籌車輛實現利益最大化，投資人的利潤更多一份保障；另一方面，政府將會加大眾籌平臺的監管力度，通過平臺的規範經營給用戶的投資帶來安全保障，提高用戶對平臺的參與度。目前，證監會在 2019 年 3 月印發的 2019 年度立法工作計劃，已經將「股權眾籌」列入 13 件「力爭年內出抬的重點項目」之

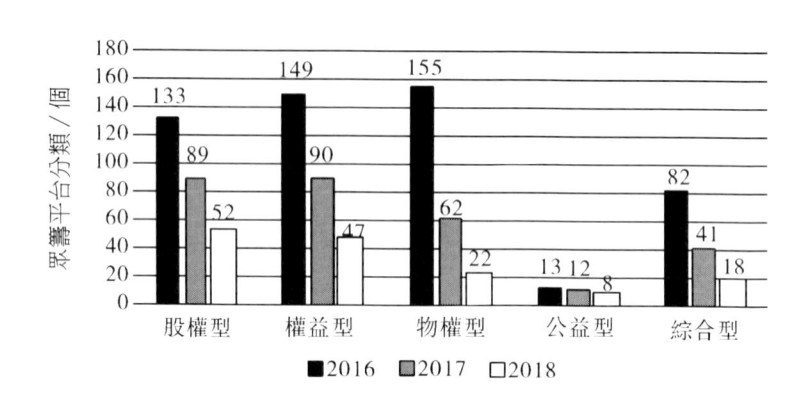

圖 3-13　2016—2018 年中國營運中的眾籌平臺分類走勢情況

數據來源：烯易的《2019 互聯網眾籌行業研究報告》。

一，內容中明確表明要力爭年內公開發布《股權眾籌試點管理辦法》。

正如共享、開放的互聯網給我們的生活帶來的巨大改變一樣，以共享為起點的新的眾籌概念和邏輯同樣能夠獲得新的發展，這既是對傳統眾籌概念的一種創新和顛覆，又是對眾籌行業的一次重新修正和糾偏。共享思維將原本狹隘的眾籌邏輯更加開放化，以獲得更多的切入點和增長點，這將會成為未來眾籌獲得新發展的重要方向。

第四節　「共享+消費金融」

一、消費金融，共享時代的一個主戰場

2018 年 11 月 11 日 24 點，一年一度的「天貓雙十一」全球狂歡節在經歷了 24 個小時的狂歡之後落下帷幕。如圖 3-14 所示，全天成交額為 2,135 億元，僅用 4 分 20 秒就超越 2012 年「天貓雙十一」全天成交額 191 億元；用 12 分 14 秒超越了 2013 年「天貓雙十一」全天成交額 362 億元；用 1 小時 16 分 37 秒超越了 2015 年「天貓雙十一」全天成交額 912 億元；最終超過去年的 1,682 億元，再次創下新紀

第二部分：共享金融——未來金融業將如何發展

錄。面對如此驚人的消費數字，估計很少有人還能記得 10 年前，即「天貓雙十一」的第一年——2009 年「淘寶」銷售額僅為 0.5 億元。這短短 10 年的成交額變化，表明中國國民的收入和消費水準有巨幅提升，無論是消費者自身還是消費模式和消費領域都正在發生天翻地覆的變化，消費升級正在從品質和數量兩方面對供給側改革提供動力，從而充分發揮消費在經濟增長中的基礎性作用和促進產業轉型的關鍵作用。

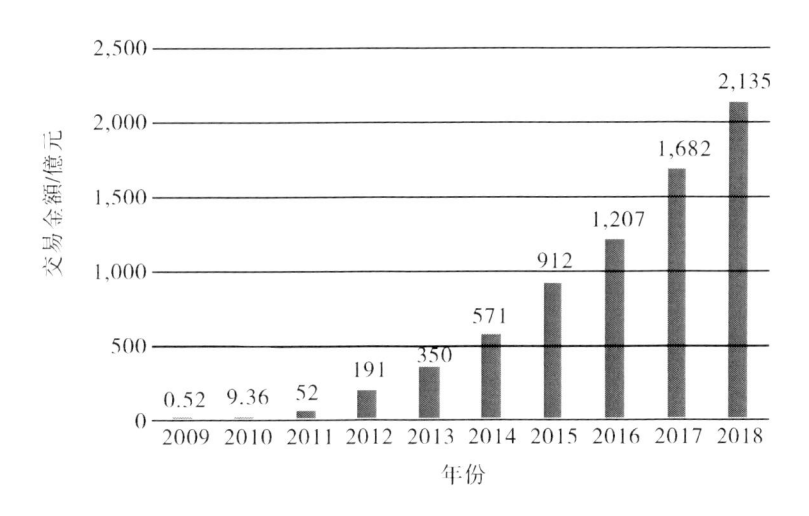

圖 3-14　2009—2018 年「天貓雙十一」交易金額趨勢

數據來源：根據公開資料整理。

的確，隨著中國進入新的經濟週期，消費升級正在從品質和數量兩方面對供給側改革提供動力，充分發揮出消費在經濟增長中的基礎性作用和促進產業轉型的關鍵作用是當前的重中之重；而消費型投資這一引擎主要又是依靠消費金融來聚能。因此，消費金融儼然變成中國驅動經濟發展的一個主戰場。2015 年 6 月 10 日，李克強總理在國務院常務會議中指出要「擴大消費金融試點，成熟一家審批一家」。由此可見，「消費金融」這一概念開始受到各個行業的關注，進入千家萬戶。一時間，消費金融市場如星星之火，呈燎原之勢。其實，早在 20 世

紀 80 年代，中國商業銀行就開始展開消費金融的業務。1985 年，中國建設銀行深圳分行發放了全國第一筆個人住房抵押貸款，開啟了中國的消費金融之路。

消費金融，國際學術界又常稱其為消費者金融，主要是指為消費者提供的各種金融服務來滿足消費者的消費目標，包括儲蓄、信貸和資產配置等。目前，中國對於消費金融並沒有統一的定義。據 2009 年銀監會出抬的《消費金融公司試點管理辦法》所說，消費金融公司是指不吸收公眾存款，以小額、分散為原則，為中國境內居民個人提供以消費為目的的貸款的非銀行金融機構。它主要是為居民個人提供以消費為目的的貸款，比如購買家用電器、電子產品等耐用消費品，以及用於個人及家庭旅遊、婚慶、教育、裝修等消費事項而進行的貸款，但不包括房貸和車貸，其貸款利率最高不得超過央行同期貸款利率的 4 倍。

隨著互聯網技術的飛速發展，消費金融也產生了一系列變化。

首先，支付渠道的移動化。隨著互聯網技術變革和金融基礎設施的不斷完善，支付渠道的移動端化讓我們從「一定帶錢包出門」變成了「一定帶手機出門」，最被熟知的就是利用「支付寶」和「微信支付」等應用工具在手機上快捷地完成各類交易的支付過程。同時這種支付渠道的移動化加速了消費金融的發展。

其次，消費平臺的線上化徹底改變了人民的生活消費方式。這種「場景化消費金融」的前景已經嶄露頭角。與各個消費場景相結合的金融服務，不但讓更多的不被傳統金融覆蓋的人群獲得了消費金融服務，還促進了消費商家的業務發展，而且由於真實消費場景的存在使得金融機構的風險控制更加有效，商業模式更加健康可持續。

最後，個人數據信息的累積。中國目前的徵信體系不完備，使其在貸前應用大數據分析時，因缺失信貸信息而容易面臨較大信用風險。如今的大數據徵信成為中國徵信行業的破局點。個人數據信息的多樣化和不斷累積讓消費金融機構有了更多數據類型對個人信用進行更準確的評估。

隨著上述這種支付方式的變化、電商巨頭的加入，創新的消費金融如雨後春筍般生長。如 2014 年 2 月京東發布的消費金融產品「京東白條」，同年 12 月阿里巴巴推

出的「花唄」，互聯網消費金融的概念由此誕生。中國的互聯網消費金融是指資金供給方通過互聯網及移動互聯網的技術手段，以小額、分散為原則，為中國境內居民個人提供以消費為目的的貸款，包括個人耐用消費品貸款及一般用途個人消費貸款等。

這裡雖然都是平臺貸款，但是消費金融和前文提到的 P2P 網絡借貸還是有所區別。兩者最大的不同是用戶的不同，P2P 網絡借貸的用戶主要是小微企業、個體工商戶，而消費金融則面向個人消費者。兩者雖然都屬於互聯網金融服務範疇，但是服務的借款對象截然不同，而且消費金融是向消費者提供消費貸款的金融服務方式，P2P 網絡借貸則被定位為網絡借貸信息仲介機構。它們共存於金融市場，共同服務於普惠金融對象。

作為傳統消費金融和互聯網消費金融所形成的新興消費金融業態，通過對業務、產品以及科技水準的不斷開放，增加了金融的有效供給，優化了市場資源配置的效率，更好地滿足了實體經濟差異化、個性化的金融服務需求。實現「普惠大眾」這一目標，表現出了共享金融的典型特徵，已經成為共享金融在金融生態圈中的典型表現形式。

相較西方國家，中國的消費金融發展其實起步比較晚，但隨著互聯網的普及率不斷提高，人們的消費態度從應付生活變為享受生活、規劃生活。因為個性化的追求使人們也開始從身分象徵轉向情感認同類商品品牌，因此消費領域也開始往文娛、住宅、醫療等新領域擴展。特別是從 2012 年起，電商規模的不斷壯大，如圖 3-15 所示，中國社會消費品零售總額保持著較為強勁的增長勢頭，隨著全面深化改革的不斷推進，刺激消費的相關政策不斷發揮作用，2018 年社會消費品零售總額繼續保持 9.9% 增長。與此同時，中國人均可支配收入從 2012 年的 14,551 元到 2018 年的 28,228 元，幾乎翻了一倍，可見「刺激內需」政策效果明顯，為消費金融的高速發展奠定了堅實的基礎。

根據中國人民銀行數據顯示，如圖 3-16 所示，截至 2018 年 12 月，中國金融機構個人消費貸款餘額為 37.79 萬億元，同比增長 19.90%。自 2016 年以來，中國個人消費貸款餘額增長較快，對於經濟發展的支撐作用越來越顯著。從結構來看，2013—2018 年，隨著年輕一代的消費觀念發生轉變，消費模式逐漸升級，

图 3-15　2012—2018 年中国社会消费品零售总额趋势

数据来源：国家统计局。

短期个人消费贷款持续增长，从 2013 年的 2.66 万亿元到 2018 年年末的 8.80 万亿元，增长了 338.46%；而从中长期个人消费贷款来看，2018 年 12 月底达到了 28.99 万亿元，占比从 2013 年的 79.5% 降为 76.7%。此外，2018 年 8 月 18 日，银保监会官网发布了《中国银保监会办公厅关于进一步做好信贷工作提升服务实体经济质效的通知》，指出「积极发展消费金融，增强消费对经济的拉动作用」。2019 年 1 月 24 日中央经济工作会议明确指出，2019 年的一大重点任务为「促进形成强大国内市场，拓展消费新增长点」。我们可以看出，消费金融行业作为发展普惠金融的中坚力量在市场上表现得越来越明显，同时也迎来前所未有的增长。

二、消费金融的发展模式和特徵

目前中国的消费金融作为金融行业的一大热点，各类主体都在积极抢占这一市场。参与主体包括商业银行、电商平台、持牌消费金融公司和分期消费平台等。也由此形成消费金融的四种主要发展模式。

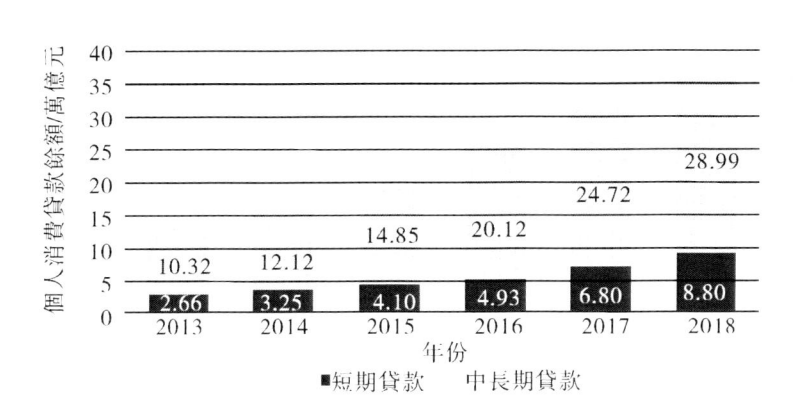

第二部分：共享金融——未來金融業將如何發展

圖 3-16　2013—2018 中國金融機構個人消費貸款餘額

數據來源：中國人民銀行。

註：短期貸款指扣除房貸、車貸後的短期性消費貸款。

第一，商業銀行消費金融。目前的消費金融市場從信貸餘額來看是以房貸、車貸、信用卡為主，所以傳統商業銀行依然占據絕對的霸主地位。如圖 3-17 所示，消費貸款由消費者提交個人資料，然後向銀行申請消費貸款業務，銀行審核客戶基本資料然後發放貸款，消費者獲得貸款之後購買銀行相應產品或服務。

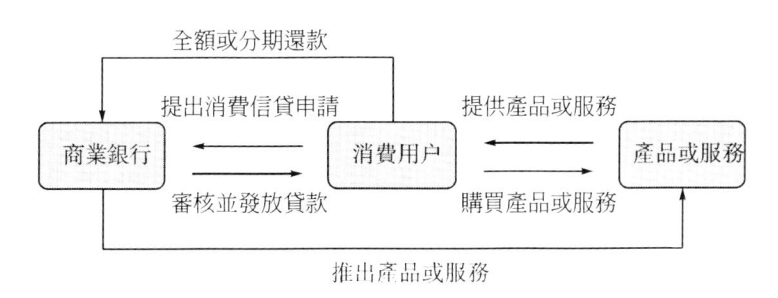

圖 3-17　商業銀行消費金融模式

該模式的優勢就在於資金成本較低、實力強、能提供較優惠的利率，且額度較大、覆蓋度較廣。當然，在互聯網發展的衝擊下，為了鞏固市場份額，商業銀行開始將傳統消費金融擴展到互聯網消費金融，將原產品進行快速升級和優化

產品功能，努力向信貸載體虛擬化、便捷化以及還款模式靈活化靠攏。

商業銀行在佈局發展互聯網消費金融過程中，通常會自建電商平臺，嵌入購物分期等消費金融產品或服務。例如 2010 年招商銀行推出「掌上生活」APP，全面升級了信用卡的使用體驗；2014 年，中國工商銀行推出「融 e 購」電子商務平臺。此外，中國民生銀行、中信銀行及一些城市商業銀行也都搭建了自己的電商平臺，也會開發基於互聯網的消費金融產品，如中信銀行的「信金寶」、中國建設銀行的「快貸」等；同時還和電商平臺合作推出消費金融產品，例如中信銀行和「京東金融」合作推出了「小白卡」，全面打通「京東」和中信銀行的產品、風控和用戶體系。

第二，電商平臺消費金融。隨著互聯網消費的崛起，電商平臺的用戶黏度較高，平臺在累積起龐大交易規模的同時也形成了一條擁有比較完整的產業生態。如圖 3-18 所示，以「阿里巴巴」和「京東」為例，依託線上平臺，為所銷售產品提供「京東白條」「螞蟻花唄」這類消費金融服務。

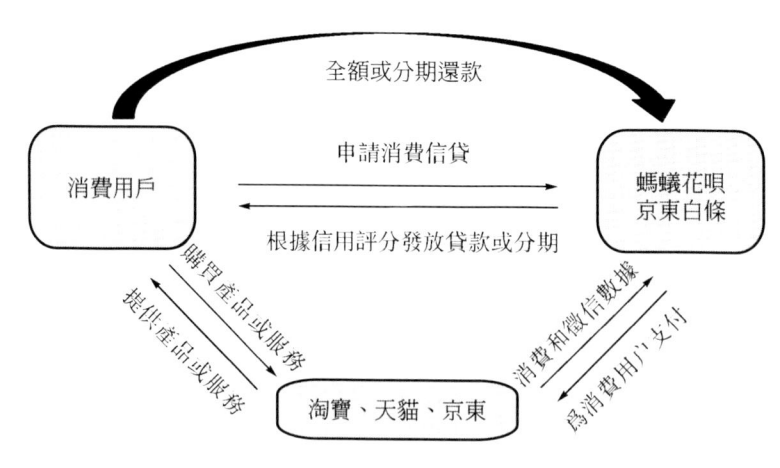

圖 3-18　電商平臺消費金融模式

儘管電商平臺的線上消費金融服務推出的時間不算長，但因為其產品與消費場景可以無縫相融以及小額便利借貸能夠盡快實現交易匹配，簡化手續，效率明顯提高。用戶體驗感好，近年內實現了爆發式的增長。此外，多年交易累積的大

第二部分：共享金融——未來金融業將如何發展

類用戶信息和交易數據，也為平臺進行大數據風險控制提供了基礎，如「芝麻信用」和「白熱度」等信用評估產品，成為消費金融服務持續增長的堅實後盾。

第三，持牌消費金融。所謂掛牌消費金融一般是指主要分銀行主導和產業主導兩大類持牌消費金融公司所提供的消費金融，其定位於不吸收公眾存款，以小額、分散為原則。如圖3-19所示，通常這類公司為經營戶提供消費金融業務，將消費金融的申請、使用環節嵌入消費環境中，又稱為商戶消費貸款或者消費分期業務，貸款資金直接支付給提供商品或服務的公司。然後由消費者直接向公司申請貸款，在完成審核後，貸款資金直接發放到消費者提供的銀行帳戶裡。相較電商平臺，持牌消費金融公司設立的門檻更高，是經銀監會批准的非銀行金融機構，截至2018年年底，已有24家機構獲批牌照。

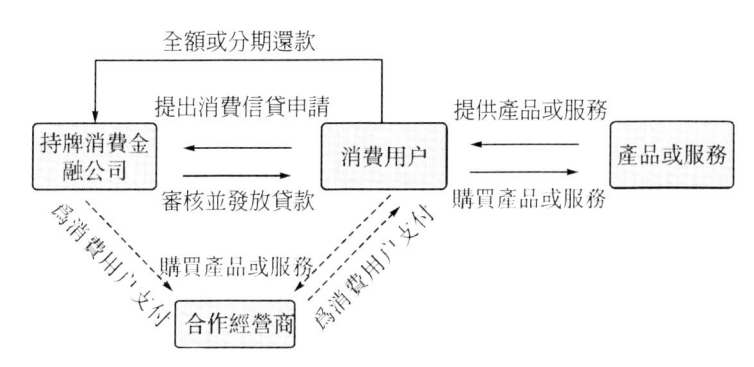

圖3-19　持牌消費金融模式

持牌類消費金融公司在風險容忍度上更寬泛，信貸審批效率等方面比銀行更具優勢，因此在客戶群的選擇上也比銀行更加寬鬆，面向廣大普通民眾提供金融服務，也更多地面向長尾客戶提供服務。一些互聯網化程度較高的公司還實現了小額直接支付信用貸款申請的全程線上化。如「招聯金融零零花」「馬上消費金融」等。

第四，互聯網分期消費。這種模式目前主要針對大學生或年輕群體以及傳統金融難以覆蓋到的人群，具體是指在不同場景領域下，細分出專注於消費金融垂直領域的互聯網分期平臺。如圖3-20所示，每類垂直細分平臺主要是針對某一類客戶

群體提供定制化的金融產品或服務，從而牢牢掌握某一類客戶群體。因為按照這種模式經營的平臺一般體量小，追蹤市場變化更密切，往往決策效率更高，更加注重產品的創新。如「驢媽媽金融」為廣大旅遊愛好者旅遊資金不足時推出的「小驢白條」，「會找房」旗下一款為租房者推出的租房月付產品「會分期」等。

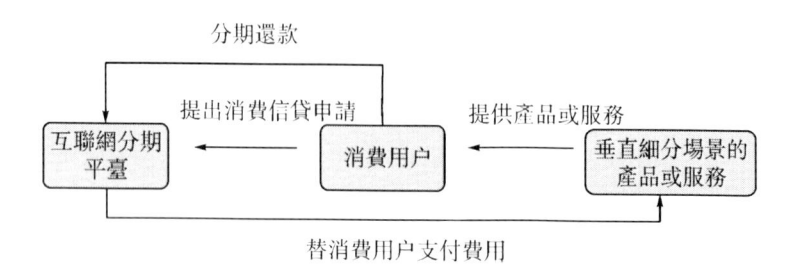

圖 3-20　互聯網分期平臺消費金融模式

　　金融的本質是讓資金從供給方流向需求方，需求方實現目標後最終回到供給方的過程。通過以上四種消費金融模式，如圖 3-21 所示，金融市場可以成功讓資金供給方通過線上線下各類消費場景與消費者連接，通過現有的金融基礎設施，如第三方支付機構、徵信機構等來協助完成消費金融產品或服務的支付、購買與還款。其間再由銀保監會等監管機構加以監管，保證金融資源的流動性和安全性，以此形成一條完整且持續推動消費金融發展的產業態。

　　消費金融通過多元化佈局和業務模式創新，首先將全國的金融資源重新分配，與傳統金融業務形成互補，利用大數據風控和差異化的價格覆蓋更多邊緣垂直領域的長尾人群，從而推動不同地區的經濟發展，實現區域經濟地位的合理化；其次，以小額分散、期限較短、無抵押無擔保為原則提供的以消費為目的的貸款形式，將場景垂直細分化，使得用戶可觸達性、場景可延伸性得到不斷發展，消費方式由線下向線上線下融合轉變，消費金融在真正意義上豐富並且實現了實體經濟發展所需的場景支撐；再次，激發了參與主體業務創新的動力，為金融市場帶來更多的活力；最後，國家近年陸續出抬文件、政策，鼓勵消費金融發展，既鼓勵消費金融行業創新，又實現風險的有效防範，有助於金融法律體系的構建。它的發展不僅是融資手段的創新，也是融資理念的升級，是共享金融在領

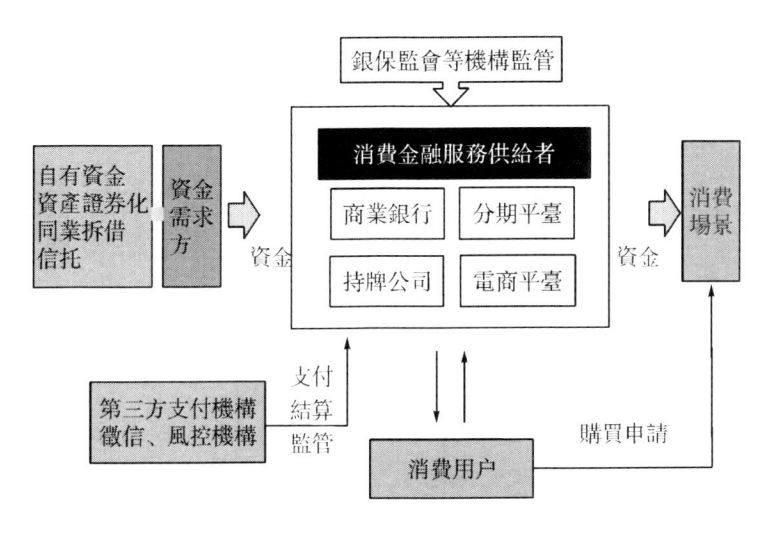

第二部分：共享金融——未來金融業將如何發展

圖 3-21 消費金融業態

域細分下的延伸。

三、消費金融的未來趨勢

隨著中國消費對經濟的貢獻度增加、消費貸款在貸款總規模中比重增加，消費金融作為共享金融的細分領域，接下來在金融科技的快速發展、個人徵信體系的完善及居民消費需求持續增長的背景下，將處於歷史性發展機遇期。

第一，資產證券化更加普遍。為了能夠滿足消費者的持續消費需求，對於消費金融參與機構來講，除了銀行存款吸收、股東自有資金注入、持牌消費金融公司和銀行進行的同業拆借行為之外，資產證券化也成為目前的重要途徑之一。

所謂資產證券化（ABS）是以特定資產組合或特定現金流為支持，發行可交易證券的一種融資模式，本質是發起人出售低流動性資產和未來可回收的現金流以此獲得融資資金。目前主要適用於商業銀行和消費金融公司。2016 年 3 月 30 日，央行與原銀監會共同印發的《中國人民銀行、銀監會關於加大對新消費領域金融支持的指導意見》中，明確指出「大力發展個人汽車、消費、信用卡等零售類貸款信貸資產證券化，盤活信貸存量，擴大消費信貸規模，提升消費信貸供

給能力」，2018年9月，銀保監會發布《商業銀行理財業務監督管理辦法》（即「理財新規」），明確在銀行間市場和證券交易所市場發行的資產支持證券屬於理財產品的投資範圍，允許銀行使用理財資金購買ABS。政策的利好也為消費金融ABS各類產品的發行提供了較好的外部環境。

目前中國消費金融的滲透率依舊較低，消費金融ABS也未成規模，還有很大的提升空間。ABS作為相對優質的投資品，投資者對於ABS產品需求旺盛，這也使ABS的融資成本降低，成為一種很划算的融資工具。當然未來ABS規模快速增長的背後，也會存在風險逐步增加的隱患。因此在推動ABS規模增長、為消費金融市場注入動力的同時，也需要更進一步推動法治化進程，注重平衡創新與風險的關係，加大監管力度。

第二，進一步走向場景化。這個場景化在互聯網時代，場景被賦予的含義往往是新興而且多元的，特別是對於消費金融而言，它與人們的消費信息是息息相關的。金融只有滲透到人的基本生活場景當中，才能吸引更多人的使用。因此，場景化一定是未來消費金融發展的主要方向，「場景+消費金融」這種形式主要依託電商的網絡購物平臺，通過與線下賣場進行合作，為消費者提供金融服務。對於場景的消費金融，其優勢在於依託於場景的客戶、獲取能力和場景化的風險控制。

在場景的選擇上，傳統的場景已經非常成熟，留下的市場空間是比較小的，比如買車、買房貸款業務，像商業銀行那樣的傳統金融機構已經在這方面做到一定程度的主控，餐飲和商場也基本被信用卡壟斷。所以互聯網金融業態應該圍繞未來新金融的業態和趨勢，比如現在越來越多的以美麗、健康、愉悅、教育和培訓為特徵的新興的場景消費。

第三，向細分化和垂直化繼續發展。消費場景的多樣化決定了人們對於消費金融的需求將不斷向細分化和垂直化發展。同時從需求方面來看，中國擴大內需的空間是很大的，在產能過剩的大背景下，這就是中國經濟增長的空間。收入和消費之間是互相促進的，因此，擴大消費的空間就是經濟增長的空間，經濟增長的空間也就是擴大消費的空間。要滿足不斷擴大的需求，需要通過從消費領域和

用戶群體的不斷細分化、垂直化來實現。

消費領域的垂直化會讓消費金融產品不斷深入各個不同的消費行業或地區領域，例如在線教育、租房、充電寶租借、旅遊或中心城市、農村等，根據不同消費特徵設計、細分出不同的更有針對性、個性化的消費金融產品。

用戶群體的垂直化強調針對消費金融用戶，依據其收入水準、職業、性別、生活習慣、生活地區、風險偏好等方面的不同進行細分。而且消費領域的垂直化和用戶群體的垂直化還有可能互相結合，由此推出更進一步的針對性金融服務產品。對於消費金融機構或平臺而言，在未來只有做到構建這種包括掌握核心的消費場景、在具體的垂直領域做深做細以及形成獨特的競爭壁壘和競爭力，才能有持續的發展空間。

第四，線上線下加速結合，科技技術要求專業化。目前消費金融的網上規模得到迅速增加，但線下消費規模依然扮演主導角色。即使從未來看，線上消費規模會持續擴大，但線下消費場景也會在互聯網的倒逼和推動下不斷發展。因此線下消費金融可以不斷持續滲透，充分挖掘市場潛在消費需求。

第五，在未來在線交互的數字化流程，無疑更受到消費者的青睞。一般採用的是信用方式，交易筆數比較多，金額比較小，所以說對於任何一家消費金融機構或平臺而言，這個科技化是至關重要的。通過科技和金融的深度融合，創新金融技術並解決傳統金融技術的痛點。

目前，中國社會主要矛盾已經轉化為人民日益增長的美好生活需要和不平衡不充分的發展之間的矛盾。這個主要矛盾體現在金融領域，因為在長尾部分還存在徵信數據少的客戶、弱勢群體、低收入人口等得不到較好的現代金融服務。消費金融的發展將會繼續配合社會的需要，通過資源共享將普惠金融進一步落實，促進他們的消費結構從生存型消費向享受型消費轉變，進而提高生活水準。

第五節 「共享+保險」

一、為保險插上「互聯網」的翅膀

墨菲定律是一位美國工程師愛德華·墨菲提出的著名定律，原文是說：「如果有兩種或兩種以上的方式去做某件事情，而其中一種選擇方式將導致災難，則必定有人會做出這種選擇。」其本質就是說事情如果有變壞的可能，不管這種可能性有多小，它總會發生。這個規律在生活中屢見不鮮，比如想著今天上班不能遲到，但偏偏就因為堵車而遲到；去遊樂園者急買票進場，但你排的那支隊伍總是移動速度最慢，這些統統可以用墨菲定律來解釋。人生中不確定的風險總是存在的，小概率事件的突然發生有可能帶來無可挽回的損失。如果我們在事前盡可能想得周到、全面一些，在風險防範和轉移上花一些成本，如果風險真的發生，我們「埋單」的成本就會小一些。而保險，就是風險管理的最有效手段之一，把不確定性損失轉變為確定性成本、保費。

中國自古以來就有為家庭保障、鄰里互助、積谷防餓等防患於未然的行為。而保險的核心思想就是防患於未然，它是人們在與風險對抗的過程中發明的一種轉移風險的工具。從經濟角度看，保險是能為人們分攤意外事故損失的一種財務工具。對於社會來說，它是一個國家經濟保障制度的重要組成部分，是社會生產和社會生活「精巧的穩定器」。

中國保險行業相對於發達國家起步較晚，雖然經過 30 多年的快速發展，但國民對於保險產品的認識度是相對不夠的。數據顯示，2018 年中國保險業保費收入為 38,016.62 億元，同比增長 3.92%，是僅次於美國的全球第二大保險市場。但是從保險深度（保費收入占該地國內生產總值之比）來看，中國這一數據僅為 4.2%，低於 2017 年的 4.4%，如圖 3-22 所示，與保險業較為成熟的發達國家相比仍有一定差距，並且低於國際平均水準，這也說明了中國雖已是保險大

第二部分：共享金融——未來金融業將如何發展

國卻仍不是保險強國。這當中既有傳統保險產品長期存在同質化嚴重、創新不足的現象，由此也引發了行業粗放式發展、中小保險企業盈利困難等諸多問題；也有因為保險宣傳力度不夠，國民保險意識不強，導致保險用戶對於保險條例晦澀難懂，理賠體驗較差，保險營銷方式信任度不高的問題。

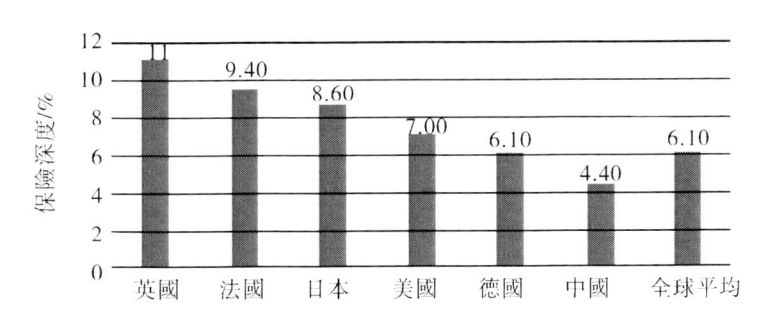

圖 3-22　2017 年中國與主要發達國家保險深度對比情況

數據來源：艾瑞諮詢。

隨著互聯網等新技術的發展影響，共享經濟的快速發展，共享金融應運而生，緊扣黨的十九大所強調的「共享」理念，認真貫徹黨中央、國務院的決策部署，積極推進普惠金融發展。在這個過程中，金融行業裡的支付、財富管理、借貸領域通過各種數字化渠道已經大面積融入老百姓的日常生活中，認知度較高。相比之下，保險由於互聯網化程度相對滯後，認知度在各類金融產品中偏低。2019 年 7 月，中國人民銀行金融消費權益保護局發佈了《2019 年消費者金融素養調查簡要報告》，如圖 3-23 所示，從消費者金融知識瞭解水準按比例高低排序來看，保險排名低於銀行理財、股票基金等，位居第六。對保險方面的知識最為陌生，消費者平均正確率僅為 53.99%。而國民對於投保人的投保、保險的功能等保險意識強弱則是決定整個保險業能否順利、健康、持續發展的重要條件。

其實早在 2008 年，保險行業電子商務就起步了，並很快進入發展軌道。互聯網保險概念開始出現，具體是指保險從業機構通過互聯網、移動通信技術，為客戶提供保險服務的新型金融業務模式；從業機構通過在線方式進行保險產品的

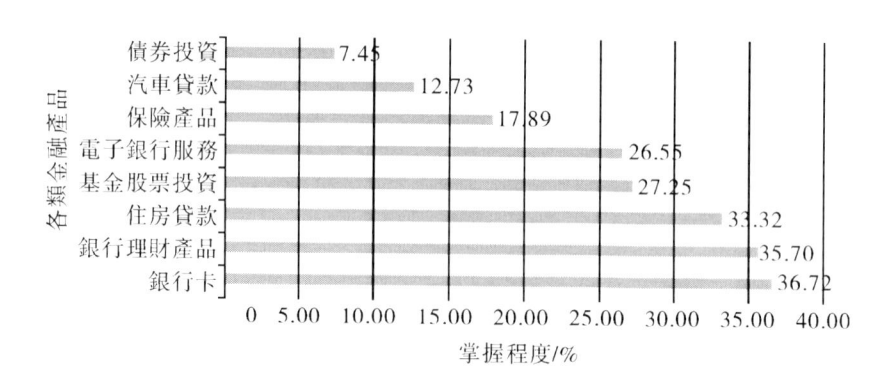

各類金融產品	掌握程度/%
債券投資	7.45
汽車貸款	12.73
保險產品	17.89
電子銀行服務	26.55
基金股票投資	27.25
住房貸款	33.32
銀行理財產品	35.70
銀行卡	36.72

圖 3-23 2019 年消費者對各類金融產品知識掌握程度

數據來源：中國人民銀行金融消費權益保護局。

銷售以及承保、核保、理賠、保全等服務流程，並通過電子支付方式獲取保費。當時隨著市場細分，還出現一批定位於保險仲介和保險信息服務的保險網站。但直到 2011 年年底，互聯網保險公司電子商務保費規模還相對較小，電子商務渠道的戰略價值還沒有全部體現出來。

2012 年，「螞蟻金服」「騰訊」和「中國平安」分別以 19.9%、15%、15% 的持股比例構建的眾安在線財產保險股份有限公司宣布開業。中小型保險公司借助於第三方平臺，大型保險集團成立自有電商公司。如今，通過前期對互聯網保險銷售、營運、風控、管理等數據的累積，保險行業插上「互聯網」的翅膀，初步建立起了互聯網保險的基本模式。中國保險行業協會的公開數據顯示，互聯網保險在 2012—2015 年的 4 年間經歷了爆發式的增長，保費收入增長近 20 倍，互聯網保險滲透率於 2015 年達到了 9.2%。然而從 2016 年開始，互聯網保險保費規模增長陷入停滯並開始減少，滲透率連年下滑，到了 2018 年滲透率僅有 5%，究其原因主要是受保險業政策影響，給互聯網保險行業發展帶來了短期陣痛，但從長遠發展來看，政策調整後的互聯網保險行業會更加突出核心優勢，朝著「人人參與，普惠大眾」的共享理念更加健康的發展。

運用互聯網思維構建保險的網銷渠道以實現流量變現是保險插上「互聯網」翅膀的最初商業邏輯。但由於中國國民的保險意識並不是很強，單純的流量模式

並不能完全發揮互聯網的優勢。現在的互聯網保險可以通過場景細分，針對具體場景平臺植入保險產品，能夠在一定程度上激發用戶的保障需求。

同時，插上「互聯網」翅膀的保險不僅僅是通過互聯網渠道銷售保險產品，產品創新更是其核心特質。與傳統保險依賴大數定律涉及的同質化保險產品不同，互聯網保險延續共享金融「以用戶為中心」的特徵，依託於互聯網海量的用戶數據，設計個性化的保險產品，滿足特定人群、垂直場景差異化的保障需求。如退貨運費險和航空延誤險廣泛使用；價格透明度，使保險條款簡單易懂；同時打破傳統定期定額投保方式，降低投保費門檻，涵蓋長尾用戶實現普惠保險，如一元養老險、月繳模式等。在保險類型上，也不局限於互聯網新型險，以車險、健康險、壽險為主的傳統險種也正在經歷互聯網的重組再造。

此外，互聯網保險能夠提升用戶購買保險的全流程體驗，包括在保前的 AI（人工智能）每天 24 小時在線保險諮詢，大數據分析中精準匹配最符合用戶需要的產品，同時提高銷售轉化率；投保中的電子化保單，在線各業務流程便捷，用戶體驗強；線上智能核保系統，提升核保效率，為用戶節約時間成本；還有售中的投保核保、保單管理；售後的便捷理賠及服務延伸。可以預見，隨著在互聯網發展下，人們的保險意識不斷加強後，互聯網生態保險將有廣闊的增長空間。

二、互聯網保險的發展模式及特徵

這幾年，保險成為國家重視、政府支持的行業。中國互聯網保險業務的營運主體主要包括傳統保險公司、電子商務平臺、保險仲介代理機構、專業互聯網保險公司、新型網絡互助保險平臺。不同種類的互聯網保險營運主體根據各自業務發展策略不同建立出不同的互聯網保險模式，其表現特徵也略有不同。

第一，傳統保險公司線上經營模式。該模式下，傳統保險公司因為擁有充足資金、長期累積的自營產品儲備以及完善營運、服務體系。將傳統線下保險產品平移到自主建立的官方線上平臺，以此滿足銷售保險產品、提供客戶服務、展現自身品牌的戰略發展需要。如「中國人民保險」「太平洋保險」等傳統保險機構均設有自己的官方網站，通過官方網站可以及時收集客戶的需求信息，進而為客

戶提供更優質的服務，有利於增強客戶對企業的認同感。同時，能夠按照產品形態設計承保流程、續期繳費及售後服務流程。

第二，第三方銷售平臺模式。所謂第三方銷售平臺模式具體是指，傳統保險公司通過第三方網絡平臺進行產品推廣，利用其技術和便利開展保險業務，原則上平臺扮演的角色只為保險公司和投保人交易雙方提供信息服務。在這種模式下，第三方電商平臺主要依靠長期累積的龐大用戶流量以及成熟的線上營運、經營與服務，可以為保險公司節省構建和維護平臺的巨大費用；同時因為具有專業的網絡營銷經驗和信譽，在產品經營方面也會比傳統保險公司更具有專業優勢；另外還能夠結合實際場景，進行保險種類垂直化和細分化，推出創新類保險產品，如核保流程簡單的意外險、健康險、航空意外險、家庭財產保險以及場景化程度較高的手機碎屏險、支付帳戶安全險等創新型險種。具有代表性的第三方銷售平臺包括「騰訊」旗下的「微保」、「支付寶」的「螞蟻保險」和「京東保險」等。

第三，專業仲介代理模式。專業仲介代理模式主要包括兼業代理模式和專業代理模式。兼業代理模式下，代理機構的主營業務並非保險，而是依靠自有的客戶網絡體系進行保險產品的推介，經營的險種較為單一。例如，汽車4S店主要代理保險公司的車險，銀行主要代理保險公司的理財類保險。

專業代理模式下，代理機構在滿足資本金、網絡系統安全性等多方面監管要求的同時，還需申請專業的網銷保險牌照。此類代理機構能夠在線高效完成保險產品的銷售以及後續的理賠服務；同時，由於長期經營專業的保險代理業務，普遍形成了完善的內部風控機制，能夠有效識別承保環節的潛在風險。2015年7月，原保監會印發的《互聯網保險業務監管暫行辦法》中明確將互聯網保險仲介納入保險機構的範疇。而互聯網保險仲介的出現，通過新的服務方式改變了過去傳統保險設立門檻低、良莠不齊的市場形象，贏得了更多新生代消費者的青睞。

第四，專業互聯網保險公司模式。這個模式專指持有專業牌照的互聯網保險公司普遍採取純互聯網營運模式，業務辦理在線完成，不設線下實體門店。此類

線上保險機構其定位在於服務互聯網，業務的主要範圍也是與互聯網交易相關的責任險和保證險。

同時這類公司還具有保險產品開發資質，將自主設計的保險產品進行場景化嵌入，通過保險產品場景化嵌入、線上渠道推廣的業務策略，將目標客戶群鎖定在網絡消費群體；在理賠層面，針對保險責任明確、材料充分、規定限額內的理賠案件，提供線上快速理賠的服務，為行業提供了保障，起到了風險轉移的作用，促進了互聯網行業的穩定發展。目前，中國擁有互聯網保險牌照的金融機構數量較少，僅有「眾安保險」「泰康在線」「易安保險」等幾家為數不多的專業互聯網保險公司。

第五，網絡互助保險模式。網絡互助保險模式主要說的是相互保險，相互保險是指具有同質風險保障需求的單位或個人，按照平等互助的原則訂立合同成為組織的會員，並向組織繳納保費形成互助基金，由該基金對合同約定的事故發生所造成的損失承擔賠償責任，以達到會員之間相互幫助、降低風險的目的。相互保險和傳統保險公司最大的不同在於相互保險公司不以營利為目的，它的成立就是為了實現成員之間互相幫助，以此達到風險共擔、收益共享的目的。在相互保險中，投保人兼具相互保險公司客戶和相互保險公司管理者雙重身分，實現了投保人與保險人的統一。出資人既享受公司提供的保障，又參與公司的經營管理和利潤分配等，可以有效地降低道德風險和逆向選擇等問題。

2015年1月，原保監會出抬的《相互保險組織監管試行辦法》，使「相互保險」在中國的落地成為現實。2016年6月22日，原保監會批准信美人壽相互保險社、眾惠財產相互保險社和匯友建工財產相互保險社籌建，標誌著「相互保險」在中國正式落地。隨著中國首批相互保險社獲批開業，「互聯網+相互保險」的網絡互助保險模式將有效推動保險迴歸保障本質，在社會保障體系中起到重要的補充作用。2017年2月，眾惠財產相互保險社獲批開業，成為國內首家相互保險社，也標誌著中國保險業在相互保險領域探索的步伐進一步加快。

以上五種互聯網保險模式雖然經營方式有所不同，但都和共享金融有一個共同點，那就是基於「我為人人，人人為我」的思路，發揮相互保險互助共濟的

優勢來解決行業保障的痛點，促進社會治理、組織管理的便捷、高效。

三、保險業未來的發展方向

此前發布的保險業「新國十條」中明確提出，2020年保險深度（保費收入占國內生產總值比例）提高到5%，保險密度（國內常住人口平均保險費的數額）達到每人3,500元，力爭2020年全國保費收入達到5.1萬億元的目標，讓保險廣泛服務於各個經濟領域。為保險業未來的發展指明了方向。

在互聯網「共享」時代背景下，新一輪科技革命與產業變革無疑讓互聯網保險如虎添翼，為保險行業的轉型升級打開了一扇新的窗口。我們要積極落實這一戰略，根據需求去引領和推動。

一是提高國民保險意識，擴大保險深度、密度。長期以來，中國保險業的保險深度和密度遠不及西方發達國家的一個主要原因是國民的保險意識有所欠缺。互聯網保險的發展雖然在產品營銷和業務操作等方面運用到互聯網手段，但在產品設計和服務理念方面還是主要沿用傳統的保險思維，明顯缺乏創新，用戶很少有主動需求的意識。隨著大數據、雲計算和金融科技的發展，保險從業機構和網絡平臺應該充分利用其優勢，實現線上統一保單管理，針對不同用戶偏向的投保時間進行個性化分類，有針對性地進行保險產品推薦和保險知識的普及。同時通過線上場景嵌入方式將保險產品嵌入具體場景中，自然引導客戶從被動的保險需求轉為主動的保險需求意識，從而改變傳統以銷售為導向的營運方式，以此推動2020年的保險發展目標。

二是深挖市場新需求，關注長尾客戶。未來，一方面互聯網保險可以從生態、生活方式出發，圍繞實體經濟去落實與金融有關的需求和與傳統的金融服務有關的短板，進而挖掘出普通用戶更生動的新需求。改進民營、小微企業、「三農」、精準扶貧等重點領域的薄弱環節，通過產品服務、保險創新，特別是在保險科技領域，通過分佈式記帳方式、區塊鏈、大數據、雲計算、人工智能等技術，推動保險產品服務創新精準扶貧，設計出更「體貼」的產品形態，使保險從「難獲得」變為「易獲得」、從低頻走向高頻，擴大保險覆蓋的廣度和深度，

增強廣大保險消費者的安全感和獲得感。

另一方面，李克強總理在 2019 年的國務院政府工作報告中再次強調，要推進普惠金融服務的進展。針對該目標，保險業在其中也需要承擔相應責任，機構應該充分瞭解小微企業、農民和個人創業者等長尾客戶的切實需求。要向缺乏抵押擔保的民營小微企業提供保證保險，解決抵押擔保物不足的問題；針對廣大農村地區和城鄉接合地區中保險產品不完善的地區，通過建立新場景，將產品垂直化、細分化來滿足其實際需求，服務更多經濟領域。而隨著互聯網技術在保險領域的成熟應用，長尾客戶也將成為互聯網保險未來的重要消費群體。

三是線上線下，雙向融合。隨著一系列新興技術的快速發展迭代，線上線下場景走向融合是諸多行業未來發展的一大趨勢，保險業亦不例外。在以「服務為本」「科技為手段」的當前階段，傳統保險公司的線下客戶資源優勢較強，通過將傳統業務的線上轉化，能改善其精細化的用戶營運管理和服務能力，從而提升公司內部作業效率和價值轉化，創造更大的價值。而對於互聯網保險公司而言，單純依靠線上網絡平臺，顯然無法滿足用戶日漸細分、多元和個性化的需求。只有通過拓展更多渠道，實現線上與線下更緊密的互動，才能為客戶提供更貼近需求的保險產品和服務。

未來，隨著中國居民商業保險意識程度提高，金融科技、區塊鏈等新型技術商業化應用的普及以及保險從業機構對該領域的更加重視，中國互聯網保險市場的份額將進一步擴大，其發展將能更好地服務於金融供給側結構性改革。借助互聯網渠道的保險業得以圍繞實體經濟落實金融有關的需求和傳統的金融服務有關的短板，改進民營、小微企業、「三農」和精準扶貧等重點領域薄弱環節，通過保險產品和服務的創新，充分運用金融科技，通過分佈式記帳方式、區塊鏈、大數據、雲計算、人工智能等技術，推動普惠金融的發展，打造具有中國特色的保險業發展之路。

第六節 「共享+供應鏈金融」

一、供應鏈和金融的結合

近年來，在國內經濟持續轉型升級的大背景下，金融行業成為國家供給側改革的重要關注領域，供應鏈金融更是備受市場和學者們的矚目。2017年10月，國務院辦公廳發布了《國務院辦公廳關於積極推進供應鏈創新與應用的指導意見》中指出，發展供應鏈金融是推進中國供給側結構性改革、增強金融服務實體經濟效能的重要力量。的確，在「產融結合」「脫虛向實」的政策號召下，這一橫跨產業供應鏈和金融活動的創新模式已經上升到國家戰略層面，日益成為推動金融服務實體特別是緩解中小企業融資難、融資貴，推動產業轉型和升級的重要戰略途徑，得到了實業界和學術界的高度關注。

供應鏈是指圍繞核心企業，從配套零件制成中間產品到最終成品，最後由銷售渠道把產品送到消費者手中，並將上游供應商、核心製造商、分銷商、零售商直到最終用戶連成一個整體的功能網鏈結構。因為整個過程看起來是一環扣一環的鏈條狀，故稱為供應鏈。

由於長期多層級信用穿透難導致了傳統銀行機構的風險識別成本過高，其信貸業務一直難以足夠有效地覆蓋處於供應鏈長尾端的中小微企業。基於有效克服金融市場信息不對稱而產生的信貸配給問題，應解決中小微企業營運資金短缺的要求，供應鏈金融應運而生。如圖3-24所示，供應鏈金融是指把已形成的供應鏈條上的供應商、核心製造企業、分銷商、零售商和消費者看作一個整體，以核心企業為依託，真實交易為前提，運用自償性融資方式，對供應鏈中各個生產、銷售節點提供封閉的授信及其他結算、財富管理等綜合金融服務。

供應鏈金融可以發生在供應鏈中任何一個涉及金融資源的節點，以協助提高整條供應鏈的協同運作效率，其本質是金融機構依靠風險控制變量，幫助企業盤

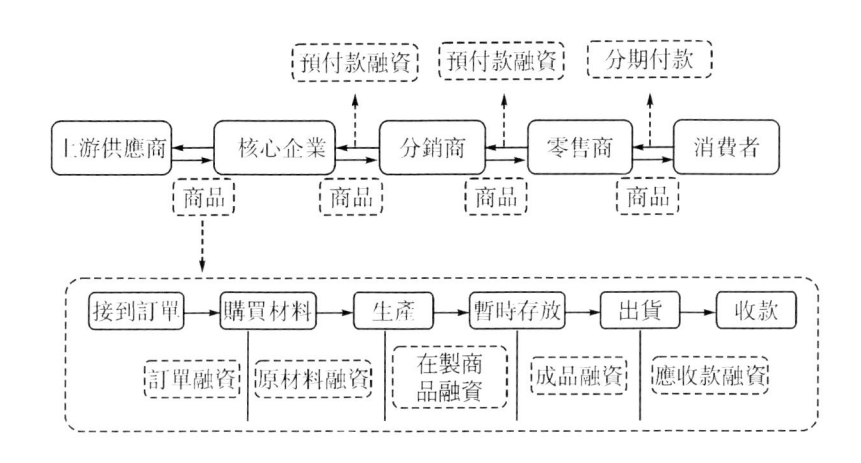

圖 3-24 供應鏈金融的典型模式

活其流動資產從而解決融資問題。如圖 3-25 所示，目前供應鏈金融在中國主要是為大宗商品、物流、消費品、生產設備、農業、綠色環保及餐飲等領域提供利率與風險偏好介於傳統金融機構貸款和民間借貸的金融產品和服務。儘管不同行業的供應鏈核心企業並不完全相同，但主要核心企業分別是生產商、分銷商和零售商。

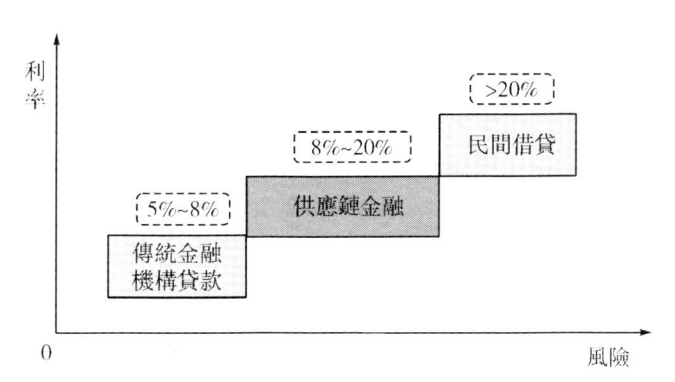

圖 3-25 傳統金融機構、供應鏈金融和民間借貸利率對比

數據來源：小米金融研究院。

最早的供應鏈金融是銀行機構根據核心企業「唯一」的信用支撐，以完成對眾多「N個」中小微企業的「N+1」融資授信支持。但由於銀行對企業存貨數量的真實性不好把控，很難去核實重複抵押的行為。隨著科學技術的發展，這種傳統的線下供應鏈金融逐漸被平移到了線上平臺，讓獨立核心企業的數據和銀行完成對接，從而讓銀行隨時能獲取核心企業和產業鏈上下游眾多企業的倉儲、付款等各種真實的經營信息，便於授信。這種「N+1」的融資授信方式，能夠高效率地完成多方在線協同，提高作業效率。其核心仍然是以銀行融資為核心，資金往來被默認擺在首位。目前，隨著互聯網技術的廣泛使用，電商平臺涉足金融業務，顛覆了過往以融資為核心的供應鏈模式，轉為以企業的交易過程為核心的互聯網供應鏈金融。這種電商雲服務平臺，讓中小企業的訂單、運單、收單、融資、倉儲等經營行為都在平臺完成，並保留數據，同時引入物流、第三方信息等企業來提供配套金融服務。這個「N+N」供應鏈金融系統中，核心企業起到了增信的作用，使得各種交易數據更加可信。

2017年至今，國家先後推出了《國務院辦公廳關於積極推進供應鏈創新與應用的指導意見》《商務部等8部門關於開展供應鏈創新與應用試點的通知》《中共中央辦公廳、國務院辦公廳關於促進中小企業健康發展的指導意見》等政策。從政策內容中可以看出，政府部門已將「積極穩妥發展供應鏈金融」作為六大任務之一，對供應鏈金融的重視程度標誌著中國政府將供應鏈金融的發展上升到了前所未有的高度。

供應鏈和金融的組合可以說是企業與金融機構相互共享發展的產物，它既可以通過金融資源的供給緩解中小微企業的經營困境，實現供應鏈的健康營運，同時也對金融機構本身有了創新發展要求，為金融領域的細分和自己競爭力提供了發展方向。隨著互聯網信息技術的升級和國家支持政策相繼出抬，越來越多的金融市場參與者嵌入實體行業的各類產業鏈中，提供及時、優質的金融產品和服務，將金融資源與各個產業鏈中的節點相互銜接，實現產品製造、流轉和資金流通效率的全面提升，推動了供應鏈中各類企業的共享式發展。通過供應鏈金融的方式將金融資源和實物原料進行資源最優配置，從社會層面上構建了一條共享、

共贏的經濟健康發展道路。

二、供應鏈金融的市場現狀

近年來，供應鏈金融作為供應鏈管理和金融相互協同發展的新方向，其產生和發展為中小微企業提供了多個節點的融資渠道，緩解其融資難、融資貴的困境，助推產業鏈的健康發展。如圖 3-26 所示，供應鏈金融的業務形態主要包括應收帳款融資、訂單融資、庫存融資、預付款融資和純信用融資。

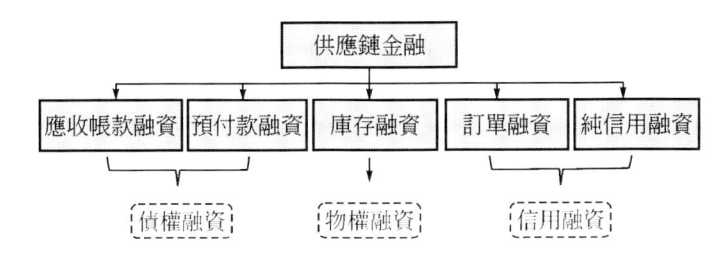

圖 3-26　供應鏈金融的主要業務形態

應收帳款融資是指以未到期的應收帳款質押給金融機構，金融機構對企業本身及下游企業的還款能力，以及交易風險和整個供應鏈的運行情況進行風險評估後，再為企業提供信用貸款的行為。這種方式能夠讓融資企業可以及時獲得短期信用貸款，在解決企業短期資金短缺問題的同時，促進整體產業鏈的健康穩定發展。

訂單融資是在下游已下訂單的情況下，由供應鏈金融服務企業幫助客戶向上游採購原材料，再由客戶生產，生產後由供應鏈金融服務企業交付給下游的行為。這種業務資金回籠週期較長、涉及環節多，需要供應鏈金融服務企業對供應鏈的把控程度較高。不過作為中國目前僅次於應收帳款融資的業務形式，也體現了中國供應鏈金融服務企業具有一定的供應鏈生態把控力。

預付款融資是指上游企業承諾回購的前提下，由第三方物流企業提供信用擔保，中小企業生產商以金融機構指定倉庫的既定倉庫向銀行等金融機構申請質押

贷款來緩解預付貨款壓力，同時由金融機構控制其提貨權的融資業務。其優勢在於對於生產商來說因為有了承諾回購的前提，可以定量生產，避免不合理庫存，降低企業本身的市場風險。

庫存融資是指企業以存貨作為質押向金融機構申請信用貸款的行為。金融機構通過考察企業是否有穩定、足值的存貨和整個供應鏈的運行情況，為企業批准相應額度的貸款。可以看出，庫存融資與線下實體物流的聯繫更為緊密，也需要服務商與供應鏈嵌入更加緊密才能快速分銷逾期後的質押存貨，所以銀行等純粹的金融機構對這類產品的開展力度遠不如應收帳款融資，是電商平臺或物流機構提供的一種物流與金融融合的創新業務。

純信用融資是指不存在任何抵押或擔保形式，完全取決於企業的信用水準。這種業務非常依賴數據，因為中國還沒有形成中小微企業商業信用評估體系的程度，因此目前規模很小。但通過未來信用數據的不斷沉澱，對中國建立商業信用體系能起到積極作用。

從業務類型看，目前應收帳款融資仍然是中國供應鏈金融的最主要開展方式。中國人民大學《2018中國供應鏈金融調研報告》數據顯示，2018年，被調研企業中，有60%的供應鏈金融服務企業開展了應收帳款融資；訂單融資開展比例為39%；預付款融資開展比例為38%；存貨質押融資開展比例為32%；而純信用貸款融資業務的開展比例為26%。從整體業務發展規模來看，易寶研究院分析認為，如圖3-27所示，2015年供應鏈金融市場規模為11.97萬億元，預計到2020年，其規模或將達到27萬億元。由此我們能夠看出，目前中國中小微企業的融資需求量巨大，後續供應鏈金融還應該繼續發揮優勢，協助產業鏈健康、快速發展。

供應鏈金融根植於供應鏈條中的各個節點，在國家政策的鼓勵下，隨著市場規模的不斷擴大，越來越多的市場主體參與到供應鏈金融市場的競爭之中。銀行、第三方保付代理平臺、供應鏈服務公司、B2B電商平臺、物流公司、供應鏈核心企業、金融科技公司和P2P網絡借貸平臺等各類企業，在市場強烈需求的牽引下紛紛參與進來，展現出供應鏈金融參與者的多元化趨勢。這些新金融機構

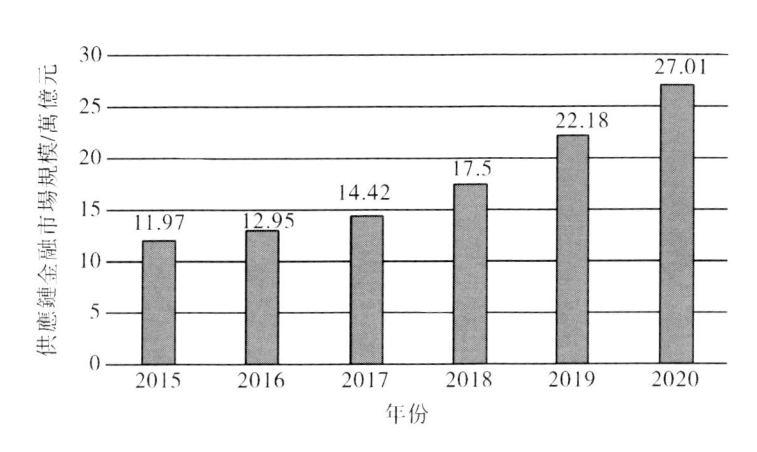

第二部分：共享金融——未來金融業將如何發展

圖 3-27 2015—2020 年供應鏈金融市場規模情況

和企業將供應鏈融資視為服務中小微企業的新嘗試，通過科技賦能，打破信息不對稱，積極構建數字信息平臺，將原本分散的產業參與者連接起來，形成新型供應鏈金融供給模式或生態。同時也為發展普惠金融注入新生力量，也成為金融服務紓困中小微的一劑良方。

當前，根據參與者的不同，供應鏈金融分成了以下四種主要模式對中小微企業提供資金融資：

第一，商業銀行主導的供應鏈金融。如圖 3-28 所示，是以商業銀行為主，包括保付代理、擔保、融資租賃等傳統金融機構設計融資方案並為上游供應商、核心企業和分銷商提供各種形式的資金支持。在該模式下，商業銀行作為傳統金融機構，具有穩定、低成本、大規模獲取資金的能力，因此在供應鏈金融中擁有最大的客戶群體。同時，信用數據資源的相對完善和風險管理的豐富經驗，使其自身風險控制能力強，可以提供如跨行業供應鏈金融等範圍較廣的服務和種類相對齊全的金融產品。

隨著互聯網技術對於金融行業的影響不斷加深，目前商業銀行也在不斷地進行金融創新，主動向互聯網供應鏈金融靠攏。眾多銀行，如中國工商銀行、中國建設銀行和中信銀行等，先後通過建立互聯網供應鏈金融平臺方式，或與核心企業及電商合作方式，專注於為供應鏈的上下游中小微企業提供融資服務，促進了

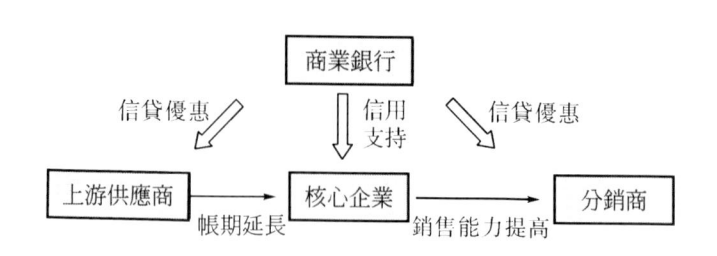

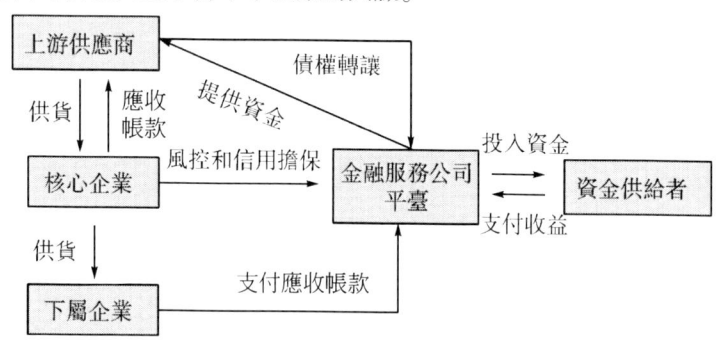

图 3-28 商业银行主导的供应链金融

中国普惠金融的发展。

第二，核心企业主导的供应链金融。往往是因为核心企业为了促进与之相关的上下游及行业的发展，如图 3-29 所示，利用其多年累积的客户资源和上下游企业经营信息，通过搭建线上平台如保付代理、融资租赁和小额贷款公司等供应链公司向上下游企业提供融资服务。这种模式的核心是，企业凭借多年的经营经验，对上下游企业的经营状况和信用度有充分了解，因信息不对称性相对较弱，能够降低初期的风险定价和风控成本，使得其在开展供应链金融服务的精准度、效率层面更高。当前，如「海尔」「国美」等核心企业通过设立全资子公司，搭建互联网平台，深耕产业链，对资流、信息流、物流进行有效控制，在稳固自身产业链的同时实现与上下游中小企业的共赢。

图 3-29 核心企业主导的供应链金融

第三，電商主導的供應鏈金融。該模式如圖 3-30 所示，是在互聯網背景下，電商建立互聯網供應鏈金融平臺，憑藉其資金流、物流和信息流，在供應鏈上具有天然優勢，為供應鏈企業提供擔保或者通過自有資金為企業融資，並從中獲益。

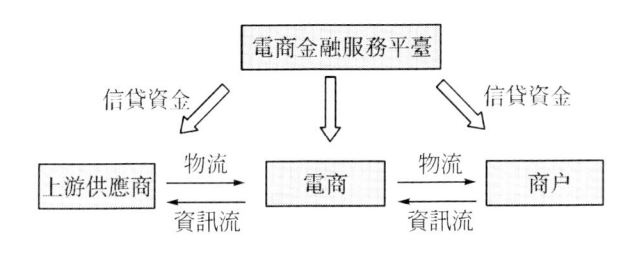

圖 3-30　電商主導的供應鏈金融

目前，以「京東」為代表的電商參與到供應鏈金融中，既可以摸清產業上下游關係，利於延長產業鏈條，盤活企業庫存和資金，可讓平臺上的企業及時清除庫存，持續獲得發展資金，形成良性循環；也可以在深入客戶經營過程中，提高客戶對於平臺的黏度，增加自身的客戶資源；當然最主要的還能通過借貸利息收益以及供應鏈綜合服務的收益，為電商平臺創造重要的盈利來源。

第四，供應鏈服務商主導的供應鏈金融。該模式下的供應鏈服務商主要指以物流公司為代表的傳統供應鏈服務商，建立互聯網供應鏈金融平臺，為合作企業客戶提供在線存貨融資的資金代付服務，在整條供應鏈管理和服務的基礎上開展金融業務，擴充了盈利來源。

在這類金融服務中，如圖 3-31 所示，供應鏈服務商往往會參與到供應鏈中。以物流公司為例，通過整合供應鏈中的物流網絡，連結資金提供方，為服務對象提供物流供應鏈服務和融資解決方案。並且憑藉其多年和客戶的緊密合作，降低信息收集的成本，提高了信息的對稱性。

由當前四種主要供應鏈金融模式可以看出，供應鏈金融並不完全等同於中小微企業貸款，而是作為供應產業鏈條中的串聯模塊。一條供應鏈中可以嵌套數起供應鏈金融鏈，包含不同的融資品種和服務內容。這種方式不僅可以緩解中小微

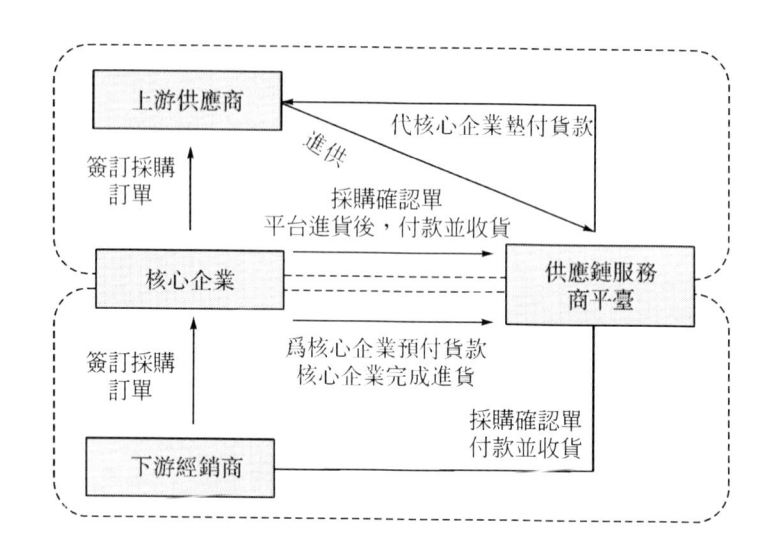

圖 3-31　供應鏈服務商主導的供應鏈金融

企業融資難、融資貴的問題，還可以從供應鏈中的各個節點累積信貸數據，通過信用共享的方式，完善中小微企業的信用體系，以此緩解企業和金融機構之間信息不對稱、風險識別成本過高的現狀，擴大中小微企業融資的受眾範圍。

隨著供應鏈金融的參與者多元化發展，中國未來的供應鏈金融模式將會是一種跨企業、跨行業、跨區域的，與各個經濟主體緊密聯結在一起，產融結合，為中國供應鏈中的中小微企業提供高效、低成本、風險可控的普惠金融服務的共享金融生態平臺。

三、供應鏈金融的未來佈局

長遠來看，為了更好地滿足供應鏈金融龐大的市場需求，同時降低融資風險，實現資金流、物流、商流和信息流「四流合一」的目標，當前存在的最大痛點是核心企業信用難以貫穿供應全鏈條，鏈條尾端中小微企業授信的缺失，讓供應鏈金融參與機構難以有效開展借貸風控。中小微企業由於自身數字化能力薄弱，導致信息不對稱，融資的經濟、時間雙項成本均高。金融機構在參與過程中，有時候很難發現風險敞口及其規模，導致平臺風控承壓加劇。不過挑戰之處

第二部分：共享金融——未來金融業將如何發展

也是機遇，為供應鏈金融的未來佈局指明了方向。

首先，充分利用大數據、提高融資效率。供應鏈金融參與主體在掌握大量的動態客戶交易信息之後，如果不能夠及時、準確地對客戶信息進行分類整理並分析，則會很難有效開展供應鏈金融產品服務，並且可能因為錯誤判斷導致信貸風險增加。

供應鏈金融各類參與主體應該運用現代金融科技手段，自設或者與大數據機構合作建立大數據平臺，依託大量的真實交易數據來源和大數據處理技術，改變了企業授信方式。通過上下游供應鏈中各企業數據的匹配，例如庫存信息透明化，從動態的角度評估融資對象的預期風險，分析瞭解企業面臨的負面影響和風險程度和經營能力；同時對企業動態經營數據進行即時監控，將融資風險降到最低。以此為企業節省成本，提高信息利用效率以及提供融資服務的實現效率。

其次，精準化運作、真正服務於長尾群體。供應鏈金融肩負著助推普惠金融發展的使命。讓處於尾部的中小微企業、農戶等弱勢群體的需求得到滿足，為其打造持續可循環且具有競爭力的供應鏈和產業鏈是政府部門長期的政策指導方針。

供應鏈金融的主導方，必須找準自己的定位，將服務領域進行垂直化細分，建立符合自身和產業鏈共同發展的精準化供應鏈金融體系，為各垂直細分領域上的長尾群體，通過供應鏈服務和金融支持，真正實現訂單生產以及生產與市場的有效結合，形成產業鏈強有力且持續性的競爭力。

最後，促進產業鏈和金融業態的深度融合。供應鏈金融是基於企業整條產業供應鏈而產生的金融活動，本質是服務於產業鏈的同時，優化自身產品和服務，目標是緩解產業鏈各環節中小微企業資金短缺問題，以此推進產業鏈可持續發展。商業銀行具有資金規模大、交易成本較低的優勢，而電商平臺和傳統服務商如物流公司能深入供應鏈垂直細分各節點，具有長期和具體客戶直接交流的經營方式，信息流把握更準確，能夠降低信息不對稱帶來的風險。未來，雙方在原有業務基礎上，借助金融科技的發展，進行金融資源和信息數據的深度融合，實現產業之間的跨界與融合、產品和服務的多樣化創新。

第四章　共享金融典型企業案例

第一節　案例一:「積木盒子」
——著力打造用戶體驗的網絡借貸平臺

「積木盒子」作為積木拼圖集團旗下的線上網絡借貸信息仲介平臺，在2013年8月正式上線營運。平臺回應政府號召，專注於運用互聯網和技術手段打通金融服務中存在的痛點，以個人和微型企業作為服務對象，為其提供簡單、規範、高效的金融解決方案。力求打造一個具備高效融資渠道，優質金融服務質量和較低融資成本的良好環境，為個人、微型企業踐行普惠金融。

根據「積木盒子」在其官網上披露的《2018年度財務報表審計報告書》顯示，截至2018年年底，「積木盒子」累積的交易總額已經超過500億元，累計投資筆數超過5,000萬筆。在整個P2P網絡借貸行業「三降」的情況下，公司也獲得了不錯的成績。2018年度營業利潤為1,057.11萬元，相較2017年度的484.64萬元同比增長了118%；淨利潤達1,055萬元；2018年度收入總額為1.18億元，亦比2017年度的0.54億元增長了218.5%。

「積木盒子」一方面服務於廣大微型企業及個人消費者，解決他們最迫切的借貸需求；另一方面通過互聯網技術，提供長短期限、分散地域、多種場景的可投項目，為廣大出借者提供穩健、高效、輕鬆的金融資源共享服務。其間，「積木盒子」在平臺主要推出「輕鬆投」和「自選投」兩款金融產品。

針對市場上投資人對於投資「分散、省心、高效」的需求，「積木盒子」把「輕鬆投」打造成為一款高效簡便的自動投標金融工具。一旦投資人選擇「輕鬆投」，平臺通過互聯網技術、大數據等手段為用戶完成自動投標，避免錯過好標、逾期、提前還款造成資金閒置等問題，提升了用戶的體驗感。採取「D+1」第二天到帳的計息方

第二部分：共享金融——未來金融業將如何發展

式，比傳統金融機構的「T+1」更具投資吸引力。並且提供多種投資期限的選擇，滿足各種風險偏好的投資用戶。總的來說，是給用戶提供方便快捷的投資體驗的同時，又保證了用戶投資和收益的穩定回款，使投資者的投資更有規劃。

而「自選投」則大多都是項目集合，即一個標的中包含著若干個項目。自選投借款期限在 1~36 個月不等。「積木盒子」為了方便投資人投資小額個人貸款項目專推出了「一鍵投標」功能，其中包括分散投標和項目全投兩個設置，前者就是系統自動把用戶投資總金額分散到符合用戶需求的各個項目上，實現資金分散的目的；而後者則是根據用戶篩選的結果依次完成投標，直至投資完成。

為了提升用戶體驗感，保持對平臺的黏性。「積木盒子」在營運過程中十分注重收益與風險的平衡，早在 2015 年 7 月就對接中國民生銀行資金存管系統，實現資金存管。如圖 4-1 所示，中國民生銀行為平臺投資人和項目借款人提供線上資金存管服務，用戶資金流轉均在中國民生銀行存管帳戶體系內進行，「積木盒子」僅作為純粹的信息仲介撮合交易，平臺資金與用戶資金實現有效隔離，資金交易均由用戶授權中國民生銀行操作執行，確保交易真實有效，以此提升用戶安全感。同時針對不同類型的項目特點和風險特徵，平臺分別建立相對應的項目管理制度和項目貸前、貸中、貸後的管理制度和風險評估流程，最大程度防範詐欺風險和信用風險。

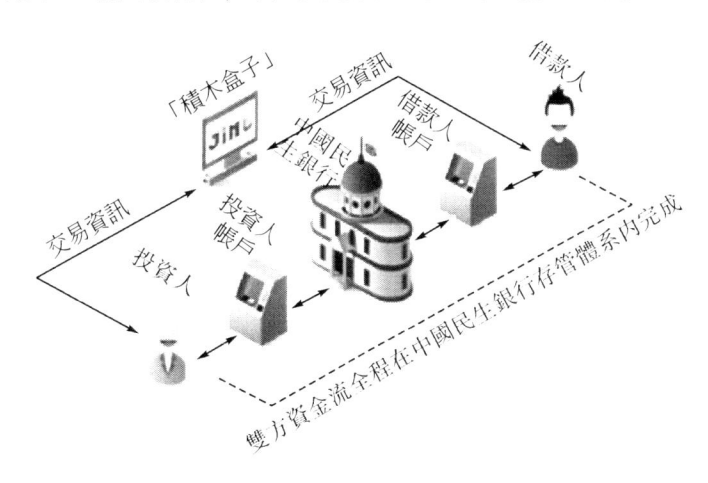

圖 4-1 「積木盒子」的資金存管模式

資料來源：「積木盒子」官網。

同時，平臺遵循金融市場尾部客戶的大群低額度特徵。2018年年報顯示，「積木盒子」平均每筆融資額為0.29萬元，最大單戶融資在貸餘額佔比0.015%，最大十戶融資在貸餘額佔比0.15%。如圖4-2所示，在融資額方面，94%的借款人融資額度在0~5萬元，出借額度在0~5萬元的出借人數達到了60%。這種小額分散的操作方式既能夠滿足客戶投資偏好，也使其不斷累積了大量用戶的信貸數據，為平臺對各類風控模型的快速迭代創造了條件。

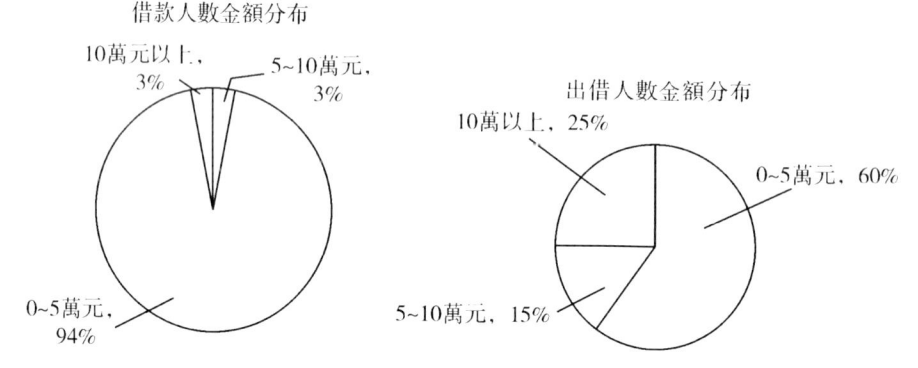

借款人數金額分布
- 10萬元以上，3%
- 5~10萬元，3%
- 0~5萬元，94%

出借人數金額分布
- 10萬以上，25%
- 0~5萬元，60%
- 5~10萬元，15%

圖4-2　2018年「積木盒子」借款、出借人數金額分佈情況

數據來源：「積木盒子」官網。

此外，為了保持用戶對平臺的良好體驗感，平臺始終保持與客戶的高度互動，這也是「積木盒子」在行業危機期控制流動性風險的秘密武器。2018年夏季在行業頻繁「爆雷」期間，「積木盒子」採用「全員客服」的方式增加多條問詢渠道，向客戶宣傳資產風控、資金存管和與項目「1-1」匹配的方式，以及行業整體在合規方面的進展，以此增強出借人對平臺的信心，使平臺的流動性風險一直保持在可控狀態。因此，如圖4-3所示，「積木盒子」最近兩年出借人成交最多的項目類型期限在12個月以上。投資用戶偏愛平臺提供的長期標的，也在一定程度上反應了出借人對平臺本身的信心。

平臺在穩定風險的前提下，堅持優化投融資兩端的獲客渠道，控制資金成本。在維護出借客戶方面，平臺升級了會員中心，並根據客戶的不同需求給予適當鼓勵。

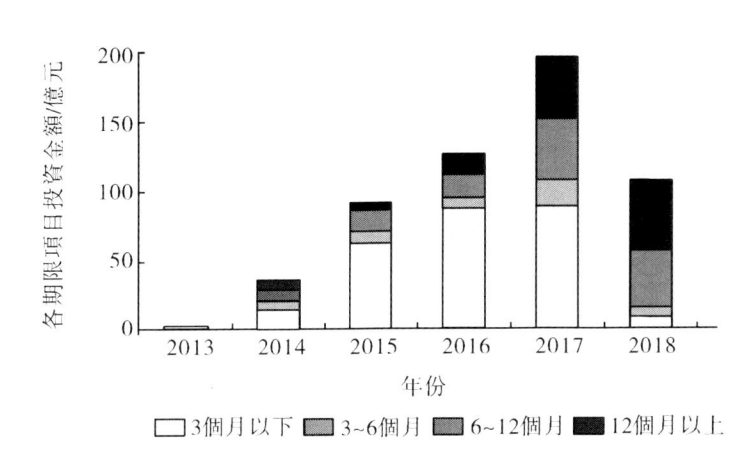

第二部分：共享金融——未來金融業將如何發展

圖 4-3　2013—2018 年「積木盒子」各期限項目投資金額分佈

數據來源：「積木盒子」官網。

資產端方面，「積木盒子」於 2018 年進一步豐富了外部權威信用數據源的對接和使用，例如「百行徵信」和「司法大數據」等，可以更有效地對融資項目及參與主體進行反詐欺和立體化數據分析，以確保項目及融資需求真實、合法和融資項目參與主體有穩定、可信的還款能力。如此，平臺一方面可以為風險把控提供可信依據，另一方面也為平臺拓展更下沉的市場提供了基礎。

第二節　案例二：「多彩投」——眾籌也有大空間

北京多彩投網絡科技有限公司（簡稱「多彩投」）自 2014 年 10 月成立以來，以創新的理念在眾籌細分領域很快打開了一片全新的領域。平臺致力於提供基於生活方式和資產配置的實體空間投資產品，倡導「投資美好生活」，始終專注在酒店、民宿、公寓、辦公、健康、娛樂等領域，服務實體空間融資及營銷需求，支持實體經濟建設，高效連結實體空間和用戶的「投資及消費」需求。

「多彩投」平臺在成立初期充分調研了尾部客戶特徵，抓住現代人趨於小

眾、個性化的投資需求，將項目定位於小而美且有「情懷味道」的空間眾籌。這種基於眾籌，重新定義客棧民宿，利用互聯網眾籌改變人們的度假習慣，建立最適合的社群，任何人都有機會成為各地最美客棧的股東的眾籌投資理念，很快得到投資人的青睞。

2015年9月，平臺成功完成的無序與集梅里旅店400萬規模客棧民宿眾籌項目的金額之最，讓平臺明確了繼續往空間眾籌發展的決心。

在無序與集梅里旅店眾籌項目中，「多彩投」平臺使用了股權眾籌與權益眾籌相結合的形式來完成眾籌融資。如圖4-4所示，計劃融資總額400萬元中，有350萬元為股權眾籌，每份5萬元，總共70份，占整個無序與集項目的38.89%，即無序與集整體估值為900萬元。參與股權眾籌的每位投資人除了每年可以拿到投資金額的5%作為免費度假權益，還可以按照85折的股東價格享受無序與集旗下的產品和服務。考慮到還有微小額投資者的需求，平臺將融資額中剩下的50萬元設計為權益眾籌產品，每份為4,000元。這種消費眾籌可以讓投資者在未來3年內享有去無序與集梅里旅店免費居住4晚的權利，並含雙人一早一正餐，以及一次梅里高端線路遊。

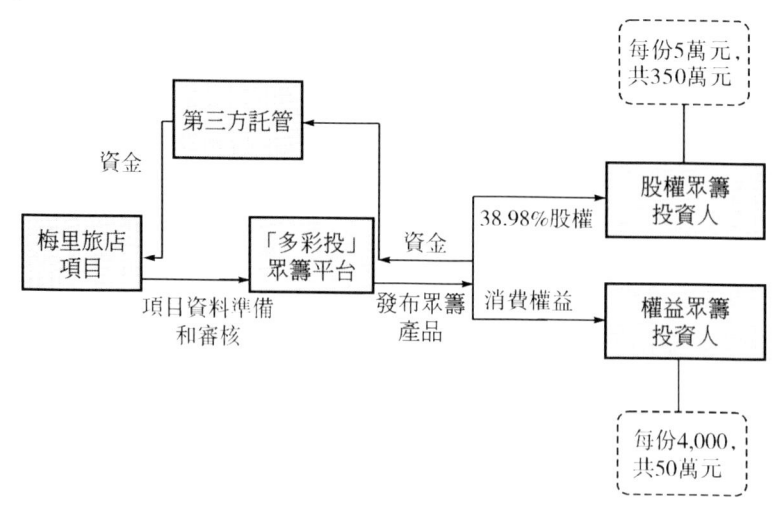

圖4-4 「多彩投」梅里旅店眾籌模式運行流暢

第二部分：共享金融——未來金融業將如何發展

從梅里旅店的眾籌模式可以看出，「多彩投」採取的是較為成熟的眾籌融資模式，即「領投—跟投」模式，利用專業的領投人來進行項目篩選和風險控制，在這之後才是普通投資者根據實際需求選擇是否跟投。因此，它更像是將傳統金融仲介的功能蘊含在新的投資者結構當中，這已經成為眾籌融資中的一個重要趨勢。

從平臺上講，借助互聯網技術手段形成的眾籌從專業性角度出發，互聯網只是工具，基礎還應該是金融和投資，平臺必須有金融和風控過硬的背景，才能長期持續性地把眾籌項目做多做大。因此，「多彩投」在風險控制上設置了 6 道風控屏障，對於行業前景的判斷、項目團隊的考察、項目營運預期審核、未來資金流向監控、投後收益計劃、退出機制的制定等每一個細節都進行嚴密把控。同時聘請專業的律師團隊對項目進行把關，定期做投資分析。而上線的眾籌項目也大都是項目方自己已經投資超過 70%，由此將眾籌參與者的風險盡量降到最小。

此外，「多彩投」的眾籌項目因為非常注重「投資+體驗+消費」，使得客戶與平臺的情感連接很強。近年來，旅遊行業逐漸發展為國內支柱產業之一。智研諮詢出版的旅遊業分析報告中指出，自 2014 年以來的 5 年中，中國旅遊業占 GDP 總量一直在 10% 並呈現上漲趨勢。「多彩投」平臺注意到與之相輔相成的是日漸擴大的旅遊地產規模時，本著瞄準用戶體驗，圍繞消費者的需求，為大眾提供更多創意夢想旅行空間的產品，讓更多的人擁有展示自己的新生活空間的發展原則。平臺項目不再局限於依託旅遊資源做小而美的民宿眾籌，而是擴大到公寓和酒店等更大空間的眾籌項目，並很快成為投資人青睞的對象。

隨後的 2016 年 9 月，「多彩投」在平臺上線酒店行業首個品牌母公司的私募股權眾籌項目，打破了原有精品酒店、民宿單店的眾籌模式，完成 2,000 萬元的私募股權融資；2017 年 12 月單月完成「六善」「希爾頓花園」「花間堂」「隱居上線融資」等眾籌項目，成交金額突破 2 億元。「喜悅秘境」多次借助「多彩投」發起「融資+營銷」的酒店眾籌項目。

作為「多彩投」的「摩洛哥喜悅秘境酒店」平臺通過和新浪支付合作，籌集資金全程託管，原股東將持有的項目公司股權質押給北京多彩維度資產管理有

限公司作為履約還款擔保，其中質押比例為投資金額對應項目公司股權的兩倍以上；擔保人承擔連帶責任保證的資金託管和擔保機制，增加了投資者的信心，最終項目總融資額達到9,900萬元，遠超預期融資額的1,500萬元，成為2018年上半年融資金額最高的權益和股權組合型眾籌融資項目。

第三節　案例三：「京東消費金融」——場景為王

「京東金融」是京東數字科技控股有限公司打造的「一站式」數字金融板塊，成立於2013年10月，致力於為銀行、保險、資產管理等各類金融機構提供數字化服務，助力金融機構能夠更好地為企業和個人用戶提供信貸、財富管理、保險保障、支付等科技服務，並支持實體經濟發展，以數字科技創造美好信用生活。目前，「京東金融」在五年多的時間裡，已搭建出一套完整的生態體系，開展了七大業務，包括消費金融、供應鏈金融、支付業務、眾籌、理財、保險和證券。每項業務都是圍繞平臺用戶個人或家庭或企業的實際需求搭建場景，開展全方位的金融服務，且都保持流量高速增長。

迄今為止，「京東」電商平臺的活躍用戶數已經累計超過了3億人，「京東金融」也是最開始憑藉此巨大流量的優勢，在眾多業務中最早啓動了消費金融。早在2014年，隨著計算機網絡技術不斷升級以及電商平臺的搭建，國民的消費理念和消費方式逐漸從線下實體店擴展到線上電商平臺。「京東金融」很快捕捉到「80後」「90後」這批年輕消費群體，他們敢於嘗試，喜歡接受新興事物，自信且個性化需要較高，同時又屬於傳統金融機構的長尾客戶。「京東金融」在2月推出了業內第一款互聯網消費金融產品「京東白條」，一種「先消費，後付款」的全新支付方式，並帶動了整個行業消費金融的熱潮。用戶可以在京東商城使用先白條進行付款，然後選擇30天的延後付款或最長24期的分期付款方式進行還款。

隨後，「京東金融」根據在「京東白條」產品經驗累積的基礎上，走出「京東」電商體系，將消費場景不斷向外部生態圈拓展、延伸，憑藉平臺天然消費場

第二部分：共享金融——未來金融業將如何發展

景帶來的用戶流量，根據受眾群體不同，將「京東白條」用戶垂直分為生活、校園和農村；很快又根據實際場景需求，拓展出「白條+生活場景」系列的消費金融產品，涉及旅遊、家居、汽車等場景。艾瑞諮詢數據顯示，「京東白條」交易額從 2015 年「雙十一」的 35 分鐘破億元到 2019 年「618」活動當天 24 秒破億元的快速發展，充分顯示了場景為王的本質。截至 2018 年 12 月底，「京東白條」應收帳款餘額增長已經達到了 344.49 億元。

「京東消費金融」的發展並不滿足於此，在場景上從小額高頻經過垂直細分化後，圍繞年輕用戶和小微企業開始覆蓋大額低頻的消費場景，前進的步伐從未停止。從最初的自身代付業務，到與傳統金融機構合作，針對個人和優質企業推出類似信用卡、信用賒購等金融服務產品。

此外，平臺緊跟共享經濟的時代背景，根據用戶的實際場景需求，推出以數碼產品為主的免押租賃共享平臺的「京小租」產品。如表 4-1 所示，到目前為止「京東消費金融」已經形成包括「京東白條」「小白用車」「旅遊白條」「京東金條」「家裝白條」「小白信用」「白條聯名卡」「京東鋼鏰」「京小租」「城市信用卡」「京東房抵貸」「借錢」「校園特權」和「京農貸」等逐漸完善的消費金融生態圈。

表 4-1　京東消費金融產品體系

打白條	信用服務	個人	校園金融	農村金融	企業金融
「白條」	「小白信用」	「京東金條」	「校園特權」	「京東貸」	「企業金采」
「小白用車」	「白條聯名卡」	「京東房抵貸」			
「旅遊白條」	「京東鋼鏰」	「借錢」			
「家裝白條」	「京小租」				
	「城市信用卡」				

資料來源：京東金融官網。

「京東消費金融」從 2014 年到今天的整個發展過程中，不同於傳統金融產品開發過程中從風險控制模型的建立入手。該傳統設計模式往往因為缺少實際使用數據，假設和推算過程往往煩冗拖沓，漫長的設計週期導致產品成本增加且遲遲難以

面世。「京東消費金融」產品則利用平臺客戶流量的優勢，根據當前用戶的實際需求推出產品；在產品占領市場的過程中，借助金融科技、大數據和雲計算等先進技術，快速迭代風控模型，提高平臺的風險控制水準，並通過技術輸出，進行場景的垂直化、細分化，在原有產品基礎上拓展，提供更高效、低成本的金融產品。

同時，「京東消費金融」一直強調把為用戶提供服務、提升用戶體驗感作為消費金融業務發展的首要目標。平臺將用戶在「京東商城」平臺上的消費記錄作為重要徵信數據來源：一方面充分瞭解客戶的消費習慣和消費能力；另一方面掌握客戶的資金流和物流信息。隨著數據的累積，用戶畫像的不斷完善，京東金融可以源源不斷地獲得對用戶和場景的深刻理解，然後圍繞用戶需求將消費金融服務植入用戶的各種消費場景中，以用戶為中心，以此提升用戶體驗感。

隨著場景服務的豐富，用戶平臺黏性增加，「京東消費金融」能夠圍繞消費繼續進行產品外延，通過連接包括傳統金融機構的各方參與者，構成滿足不同年齡階段、不同社會背景用戶的各類需求，以場景為切入點，從線上輻射到線下，用緊密結合場景的服務，從狹義的消費金融產品到廣義的消費金融產品，使平臺業務健康且持續性地發展下去。

第四節　案例四：「眾安保險」——「雲上」的保險公司

在互聯網技術飛速發展的年代，當大型保險公司紛紛佈局線上渠道的時候，「眾安保險」（眾安在線財產保險股份有限公司）於2013年10月由「螞蟻金服」「騰訊」和「中國平安」發起成立，成為行業裡沒有線下團隊的首家互聯網保險公司。即是一家在全國不設任何分支機構，完全利用互聯網進行保險產品銷售和理賠服務的保險公司。

數據顯示，截至2018年年底，「眾安保險」服務用戶已經超過3億人，其中，中小型企業達348萬家，保單數量達63.4億件。同時，2018年全年實現保費收入112.557億元，同比增長89.0%。在財險市場位居全國第12位；在互聯

網非車險的市場份額達到31%，位居全國第一。按保費規模計，位列全國財險市場第12位，較2017年提升6位。

作為一家「雲上」保險公司，之所以能夠有如此迅速的成長，是因為其發展核心在於緊跟時代變化，秉承服務互聯網的理念和優勢，從服務上找到突破，把保險做成服務，讓用戶可以隨時隨地享受這項服務。傳統保險銷售和服務主要依靠大量的線下人員，隨著全球社會互聯網化，大眾的消費習慣慢慢發生變化，直接、生硬的服務模式已經無法適應新生代消費者的需求。

「眾安保險」以互聯網為渠道，採用7×24小時客服方式向消費者提供在線無理由退保、在線自助理賠等多項特色服務，將用戶被動接受產品介紹轉化為根據需求主動尋求服務的方式。用戶只需要3個步驟就可以自由、自主、隨時隨地通過多元化的互聯網場景完成在線投保的流程，使消費者在購買產品的同時能體驗到便利的服務。

由於傳統保險產品往往存在同質化比較嚴重的情況，想要成為一家有別於傳統機構的「雲上」保險公司，「眾安保險」認為其必須抓住市場的尾部客戶，讓自己成為「市場利基者」，也就是市場補缺者。因此，「做有溫度的保險」一直是其開發產品的原則。

「眾安保險」在產品開發設計上不是簡單地把線下保險產品平移到線上銷售，而是引入了場景化的思維，深度嵌入互聯網背後的物流、支付、消費者保障等環節，針對某一場景面臨的特定風險制定風險保障方案，用互聯網的模式去重構消費者與平臺等相關各方的價值體系，精準地推出創新性的「碎片化」和「場景化」保險產品，給用戶帶來全新高效、便捷的消費體驗。例如「眾安保險」的「賠你碎」，它通過自動圖像識別技術和遠程身分識別技術這種人工智能技術進行投保手機及碎屏自動識別，無須人工參與。這讓用戶獲得更為高效、智能、個性的核保體驗。

此外，「眾安保險」通過與互聯網平臺、企業合作，不斷通過大數據獲取用戶需求，從平臺或企業的客服中心挖掘用戶痛點，不斷地探索新保險產品和優化現有產品與服務，使保險真正地變得更加普惠。除了對個人的普惠保險外，對於

企業的互聯網保險也有深度發展。例如，以前很多「淘寶」商戶需要繳納大量保證金，「眾安保險」通過與「淘寶」溝通瞭解後進行合作，設計開發出國內首款網絡保證金保險，繳納保證金金額不超過3%的比例保費，無須再交保證金，使得「淘寶」商戶能夠順利地開展業務，極大地擴大了生態拓展性。又如和航空公司合作，「眾安保險」有針對性地分析不同行為習慣的商旅人士的消費偏好，向各細分市場推出「機場延誤險」「飛享e生」「飛享日本旅行險」等產品。

截至2018年年底，「眾安保險」作為全國首家互聯網保險公司，借助互聯網作為渠道連接社會廣大用戶，基於生活消費、消費金融、健康、汽車及航旅五大生態場景，形成一套完整的生態系統。如圖4-5所示，針對的這五大場景生態系統導向風險給出解決方案，推出特色保險、航旅險、意外險、健康險和車險五大類險種，並且從銷售、定價、風控到理賠，全程在線。同時進行跨界合作，將雲計算、物聯網、大數據、人工智能及區塊鏈等前沿技術整合應用於整個保險價值鏈中，不斷優化、升級線上保險產品和服務，未來的「眾安保險」將不斷增加生活應用場景的險種，堅持做好「雲上」保險業務。

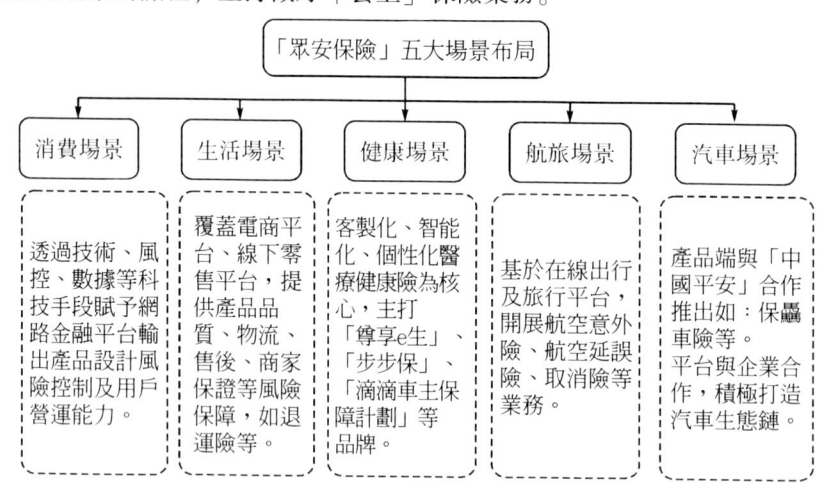

```
                    「眾安保險」五大場景布局
    ┌──────────┬──────────┼──────────┬──────────┐
  消費場景    生活場景    健康場景    航旅場景    汽車場景
```

消費場景	生活場景	健康場景	航旅場景	汽車場景
透過技術、風控、數據等科技手段賦予網路金融平台輸出產品設計風險控制及用戶營運能力。	覆蓋電商平台、線下零售平台，提供產品品質、物流、售後、商家保證等風險保障，如退運險等。	客製化、智能化、個性化醫療健康險為核心，主打「尊享e生」、「步步保」、「滴滴車主保障計劃」等品牌。	基於在線出行及旅行平台，開展航空意外險、航空延誤險、取消險等業務。	產品端與「中國平安」合作推出如：保驫車險等。平台與企業合作，積極打造汽車生態鏈。

圖4-5　「眾安保險」五大場景佈局

資料來源：艾瑞諮詢。

第五節 案例五：「信美相互」——從「相互保」迴歸互助

2017 年 5 月 5 日，由「螞蟻金服」發起的信美人壽相互保險社（以下簡稱「信美相互」）正式獲得中國保監會開業批復，於同月 11 日成為中國首家相互人壽保險組織。作為「螞蟻」生態的重要成員之一，「信美相互」以會員共同所有、會員參與管理、會員共享盈餘為最大特色。具體來看，也就是「螞蟻金服」作為「信美相互」最大出資人，其是長期債權人，而非股東。「信美相互」真正的所有者是所有長期保單（一年以上）持有者，即會員，「信美相互」的會員擁有投票權、選舉權等類似股東的權利。

「信美相互」在成立第一年，作為保險行業供給側結構性改革的試點之一，自成立以來主要聚焦於同質風險保障需求的單位或個人，以發展長期養老和健康保障業務，積極開展普惠金融和共享經濟的實踐探索，努力以為保險行業發展注入新活力為發展宗旨。全年累計收入近 6 億元保費，擁有 1.8 萬多名會員，服務約 850 萬名客戶（持長期險保單者為會員，短期險者為普通客戶）。並且圍繞會員做了很多創新嘗試。

2018 年 10 月 16 日，「螞蟻保險」「信美相互」聯手面向「螞蟻」會員推出「相互保」產品。產品對於芝麻分在 650 分及以上的「螞蟻」會員（60 歲以下）即可免費加入，獲得 10 萬～30 萬元不等額度的包括惡性腫瘤在內的 100 種大病保障。產品上線 8 天就有 1,000 萬人參保。在不到兩個月的時間裡就能吸納超過 2,000 萬人參保的龐大規模，成為當時保險行業的話題之王。

然後，同年 11 月 27 日，「螞蟻金服」發布公告稱，「信美相互」收到監管部門約談，並指出其涉嫌違規，「相互保」從即日起在維持原產品基本原則的基礎上，對分攤費用上限、管理費、成團條件進行相關調整，將其升級為「相互寶」，並定位為一款基於互聯網的互助計劃，新「相互寶」不再由「信美相互」所承保。

這一看似從天堂掉到地獄的變化背後，其根本原因在於「信美相互」的「相互保」強調「一人生病、眾人分攤」的大病互助模式，其實質是互聯網互助，與其報備時所稱的團體重症疾病保險（作為商業保險的一種）有著本質差異。一方面，因為商業保險是將重疾用戶的風險轉移給保險公司，而「相互保」核心是加入全體成員共同分擔風險，因此不屬於商業保險範疇。這種「以保險之名，行互助之實」會在銷售過程中對消費者造成誤導。另一方面，「相互保」的參保群體在風險水準上參差不齊，不少參與者還屬於傳統健康保險的拒保對象，在這種背景下，採用均攤損失的定價機制，忽略參與者的個體身體差異，顯得有失公平。

因此從「相互保」變為「相互寶」後，「螞蟻金服」取消成團人數上限要求，迴歸「相互」本質；在分攤費用上，「螞蟻金服」設置每年188元的封頂，降低互助會員風險；同時因為從商業保險性質迴歸網絡互助，會員自己共同承擔風險，所以還下調管理費用，由10%將至8%，增加用戶的權益。轉變之後的「相互寶」目前參與人數已經超過3,800萬人，且還在持續不斷增長。

雖然「信美相互」這次互聯網模式下「相互保險」的嘗試看似失敗，但也能從中看到創新型互助產品在保險領域中對於用戶的巨大吸引力。雖然相互保險無法完全取代傳統商業險，但其互聯網互助平臺低門檻、低費用、運作更為透明、條款相較簡單的優勢，在新一代消費者中存在一定的認可度。

適當的試錯總是有必要的，相互保險的發展道路依然很長。「信美相互」的創新路並未停止。「信美相互」針對爭議理賠案的理賠，在業內首推「賠審團」機制，並在「寶貝守護計劃」中產生第一例案例。在這一機制下，案件初步理賠意見與保險機構不能達成一致時，理賠申請人提出申請，將是否理賠的選擇權交到由「信美相互」的會員或客戶組成的5,000餘名「陪審員」手中，討論、評議並做出審議結論的評定機制。這一舉措表現出了相互保險的互助本質，為機構與眾多會員之間搭建了溝通的橋樑。

中國互聯網相互保險模式的出現讓我們也看到傳統保險經營方式已經出現突破，借助互聯網技術和金融科技的發展，人人參與，相互協助搭建互聯網互助平臺，以此降低大病保障門檻的險種，推動普惠金融進一步發展。

第六節　案例六：「蘇寧」供應鏈金融——全維度打造「產業+金融」產品

在大力強調金融輸血實體經濟的當下，如何通過機制和產品的創新降低中小企業融資的難度，成為擺在金融服務機構面前的一道難題。而以零售起家的「蘇寧」，在經歷29年線上線下的發展後，現已擁有海量中小企業客戶資源、資金流、信息流和物流。「蘇寧金融」憑藉其天然流量優勢、出色的產品設計和完善的營運能力，在其生態圈內形成有效閉環，針對供應鏈金融模式探索出了一條新路。

其實早在2012年2月，「蘇寧集團」推出了面向中小微企業的電子商務金融業務，凡是「蘇寧」經、代銷供應商均有資格與「蘇寧易購」操作的結算單應收帳款作為抵押物進行融資貸款的業務「蘇寧小貸」開始，「蘇寧」就已開啓供應鏈金融業務發展之路。如表4-2所示，在先後拿下涵蓋供應鏈上中下游的各類業務的金融牌照之後，「蘇寧」供應鏈金融平臺也於2018年8月正式上線，從全維度將產業與金融相融合，緩解供應鏈各節點的中小微企業融資難問題，助推普惠金融良好發展。

表4-2　「蘇寧」持有金融牌照情況

牌照	產品或公司	獲批時間
預付卡發行與受理	收購安徽華夏通支付有限公司	2011年
第三方支付	南京蘇寧易付寶網絡科技有限公司	2012年
小額貸款公司	重慶蘇寧小額貸款公司	2012年
商業保理	蘇寧商業保理有限公司	2013年
基金支付結算	南京蘇寧易付寶網絡科技有限公司	2013年
保險銷售	蘇寧保險銷售有限公司	2014年

表4-2(續)

牌照	產品或公司	獲批時間
消費金融	蘇寧消費金融有限公司	2015年
跨境支付	南京蘇寧易付寶網絡科技有限公司	2015年
企業徵信	江蘇蘇寧徵信服務有限公司	2016年
基金銷售	南京蘇寧基金銷售有限公司	2016年
融資租賃	蘇寧租賃有限公司	2016年
民營銀行	江蘇蘇寧銀行股份有限公司	2016年

資料來源：根據公開資料整理。

目前，「蘇寧」供應鏈金融基於「蘇寧集團」零售業務為核心的「蘇寧易購、物流、金融、科技、置業、文創、體育和投資」八大產業，從「產、供、銷、存」各環節設計開發，如圖4-6所示，「帳速融」「信速融」「貨速融」「票速融」「樂業貸」等多種融資產品，涵蓋了應收帳款融資、訂單融資、存貨融資、票據融資、信用融資、採購貸款等各種融資類型，以滿足「蘇寧」體系內遍布全國的30多萬家供應商及其上下游供應鏈中小微企業在不同場景下的融資需求，提供高效、便捷和低成本的一站式融資方案，為中國實體經濟的穩健發展增添一份助力。與此同時，「蘇寧」供應鏈金融還通過和銀行等同業機構合作，為中小微企業提供更優質的普惠金融服務。截至2018年年底，「蘇寧」供應鏈金融累計交易規模已突破1,700億元。

從具體產品來看，針對供應鏈金融核心資產的應收帳款，「帳速融」產品提供單筆應收帳款融資和保理池融資兩種服務，通過動態授信和信用評分對融資企業進行資信評級，為企業提供供應鏈全流程的資金支持，讓企業可以在線申請，快速放款。基於互聯網技術的「帳速融」和傳統商業銀行相比，其融資比例更高，資產要求更靈活，最重要的是放款效率大為提高；而「蘇寧」供應鏈金融專門針對生產中預付款和庫存節點開發的「貨速融」產品，則是通過盤活企業庫存來解決上下游供應鏈企業的融資難題。與傳統方式對比，「貨速融」降低了准入門檻，商品質押品類更加豐富，而且支持庫存商品動態替換，方便企業釋放

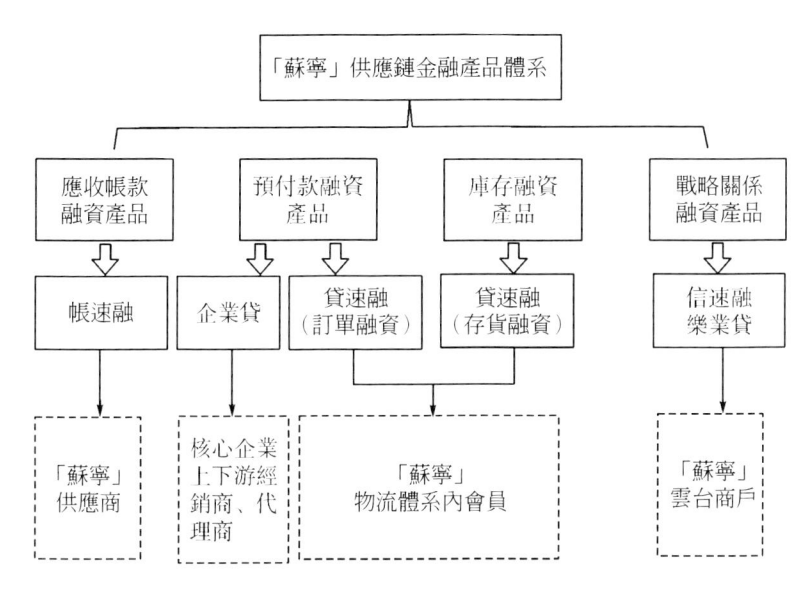

第二部分：共享金融——未來金融業將如何發展

圖4-6 「蘇寧」供應鏈金融產品體系與放款對象

資料來源：艾瑞諮詢。

高速流轉的貨物，以此來滿足日常經營需要。「貨速融」實現了貨值自動評估，與「蘇寧」物流聯合進行生產、運輸、存儲到銷售的全鏈條數據交叉驗證，可以有效規避信用風險和詐欺風險。

此外，「蘇寧」供應鏈金融憑藉領先的金融科技為雲臺商戶開發出「信速融」「樂業貸」等貸款產品。商戶通過一箱貨、一張訂單借錢，還可以通過帳單、信用值、採購分期、POS流水等便捷化、快速化、低成本化獲得授信融資，這在很大程度上填補了傳統金融難以涵蓋的市場縫隙，為更多的中小微企業提供了融資途徑，幫助他們真正發揮中國經濟穩定器的作用。

以上全部業務實現了數據即時傳輸、全線上操作、即時到帳等內容。同時通過風控安全大腦CSI系統、智能案件分析系統、物流庫存管理系統（4ps）等風控系統及風控技術保證「蘇寧」供應鏈金融低成本、低風險運行。

在低成本和低風險運行背景下，「蘇寧」供應鏈金融為了滿足更多產業鏈中企業的實際需求，2019年3月，「蘇寧金融」的供應鏈金融ABS正式發行，首筆

融資 13.43 億元的成功，為「蘇寧」供應鏈金融業務注入更多資金支持，有效助力中小微企業發展，這也標誌著「蘇寧」供應鏈金融業務進一步受到了行業、投資機構的認可。

　　接下來，「蘇寧」供應鏈金融終將扎根產業，構建完善的「產業+金融」生態圈，針對供應鏈金融服務開發更多產品，適應更多供應鏈節點中各中小微企業更複雜場景下的融資需求。同時運用大數據、雲計算、人工智能和區塊鏈輸出成熟的供應鏈金融科技技術，優化和迭代供應鏈金融風險控制模型體系，為中國中小微企業真正告別融資難、融資貴等問題做出不懈努力。

第三部分

未來依然任重而道遠

共享金融
由中國掀起的共享創新

> 第三部分：未來依然任重而道遠

第五章　共享金融的風險與監管

第一節　共享金融的主要風險

共享金融強調的是通過大數據支撐下的技術手段和金融創新，構建以資源共享、要素共享、利益共享為特徵的金融模式。通過「共享」理念充分結合 P2P 網絡借貸、眾籌、消費金融、保險和供應鏈金融這一系列的金融模式都是為了使金融資源更有效地配置，使得金融消費者的主權能夠被體現，也更好地服務於我們所謂的共享型發展道路。

在該種新興「共享」模式下，更多的時候是供給者與需求者的直接交易，互聯網技術搭建的信息平臺逐漸在金融市場中佔有一席之地，對傳統金融機構造成了一定的衝擊。這種模式使得交易雙方不再被時間、空間所局限，可以隨時隨地進行交易。社會角色也不再是單純的供給者或需求者，而是在不同場景中轉變成為既是金融資源或服務的供給者，也是金融資源或服務的需求者。並且在傳統交易方式中需要持牌才能進行經營的經營方式也變為只要擁有閒置相關資源，通過平臺的審核條件就可以發布信息、進行交易。簡單、便捷、高效的交易方式表現出共享的本質，即「人人參與，大眾分享」。這樣的分享在今天也不再僅僅是閒置資源的分享，在直接交易中原本隱蔽的個人交易信息也逐漸成為社會公開的共享資源。隨著大數據技術的發展，信息數據共享已經成為趨勢。

伴隨著這樣的轉變，在「共享」時代下的社會關係已經發生變化，當前供給者、需求者和監管部門之間的角色也不再如以前那般單純。原有經營模式、利益主體的改變，使早先的部門監管機制和行業管理機制不再完全適用。從 2015 年開始，P2P 網絡借貸、眾籌、消費信貸等的相關風險事件不斷爆發，共享金融

已經成為影響中國金融穩定和資金安全的領域。因此,在享受時代變遷帶給我們紅利的同時,必須關注共享金融在風險監管方面的問題,讓其能夠持續、健康地發展下去,並與傳統金融相互協同地發展普惠金融。

一、平臺信用危機

從共享經濟到共享金融,無論是共享何種資源,其「共享」理念得以實現的本質還是共享信用。金融的出現原本就是以信用為支撐,交易雙方主要通過平臺發布和獲取信息,最終完成交易都依賴於對彼此間的信任。

自2016年4月起,政府便開始針對共享金融各種模式進行專項整治工作。例如P2P網絡借貸正式納入銀保監會監管範疇;原銀監會出抬了《網絡借貸信息仲介機構業務活動管理暫行辦法》;證監會公開發布了《股權眾籌試點管理辦法》;互聯網金融風險專項整治工作領導小組辦公室、P2P網貸風險專項整治工作領導小組辦公室聯合下發了《互聯網金融風險專項整治工作領導小組辦公室、P2P網貸風險專項整治工作領導小組辦公室關於規範整頓「現金貸」業務的通知》;等等。但是平臺在經營過程中出現無視這些法律約束的行為時,就會逾越非法吸收公眾存款、集資詐騙以及擅自設立金融機構等法律紅線,引發平臺的信用危機,且隨著互聯網技術發展和金融行業的不斷升級、發展,共享金融模式下的信用危機風險的表現特徵並不完全與傳統信用危機相同。

首先,由於互聯網本身帶有數字虛擬且相對傳統金融機構來說監管較寬鬆,同時因為市場上的信用評估體系不夠完善、中國國民的金融常識普及率不夠高等因素,導致金融詐欺行為在共享金融行業中頻頻出現。一方面,很多出現詐欺問題的平臺本質並不是網貸平臺,而是披著P2P網貸的外衣,從事著非法集資活動的平臺,存在詐欺問題,即「真平臺」和「假平臺」的問題。自網絡借貸、消費金融興起以來,網絡平臺非法集資和「龐氏騙局」等問題頻發,這實際是借助平臺的幌子進行非法活動。另一方面,由於平臺內部管理不嚴,工作人員通過篡改數據、挪用公款和私自接單等行為來滿足私欲,獲取不正當收益而進行的詐欺行為,例如眾籌資金流向和使用情況有時候並不透明,被自私挪用的情況也

> **第三部分：未來依然任重而道遠**

曾有發生。

其次，在金融行業和互聯網技術融合、快速發展的過程中，大量的非傳統金融機構湧入金融行業，由於自身缺乏相應的金融及風險控制能力，往往在營運初期為爭奪市場份額，會出現過度補貼、過度降低投融資門檻等惡性競爭行為。平臺還因為沒有接入資金存管、市場監管和信用體系不夠完善、違約成本較低的特點，所以在平臺經營過程中，當出現資金流斷裂的時候，平臺或貸款人往往選擇信用違約。這也是近年來，特別是2018年網絡借貸平臺頻繁出現「爆雷」、跑路事件的根本原因。

最後，共享金融的實現其實是供給者和需求者之間匹配的實現，詳細、真實的用戶個人信用信息是決定這種匹配行為是否能夠成功的重要評估要素。平臺進行業務經營的過程中，累積了大量交易者信息和交易內容信息。這一趨勢使得從事共享金融的相關企業任何一個環節和系統稍有疏漏，就有可能導致大面積信息泄漏；在信息披露機制和市場約束機制不完善的情況下易出現道德風險，出現不規範融資、隱瞞商品風險、延遲信息披露等行為；同時由於從業人員參差不齊，近年發生的金融從業人員與專門從事信息販賣的組織機構內外勾結的案件不在少數；除此之外各種惡意軟件和漏洞攻擊也屢有發生，增加了平臺的信用風險。如何預防用戶信息的洩露，已經成為政府部門的監管重點。

二、自身經營風險

隨著大數據、雲計算和金融科技的不斷發展，平臺上的金融與產業越加密切，共享金融相關機構和企業的業務呈現跨界經營的趨勢。行業交叉特徵已經逐漸融入自身的經營模式中。例如「蘇寧」的供應鏈金融業務，因為涉及中小微企業融資、第三方支付、民營銀行、基金、保險、資產證券化融資等領域，相較傳統金融機構，其經營風險誘發要素更加多樣化。同時，因為本身擁有巨大的用戶流量，對於超量的用戶交易及信用數據的安全和處理要求也是對自身經營的一個挑戰，稍不注意就容易給企業經營帶來危機。

同時，共享金融市場上沒有成立一個統一的金融服務平臺，各個平臺分別向

用戶提供並不完全相同的金融服務，資金供給者和需求者往往通過多個金融服務平臺對比收益及融資成本後再做出投資和融資決策。該過程中，一些平臺往往因為經營經驗不足，為了快速獲取渠道或用戶，盲目進行授信放貸，導致市場的無序競爭出現，從而加劇自身和其他平臺的經營風險；同時也有因為平臺自身認知有限和產品缺乏競爭力而面臨被市場所淘汰的風險。

而且，共享金融本身「人人參與」的聚合效用使得行業內的機構和企業在業務上聯繫愈加緊密，相互間的資金流動也更加頻繁；面對的客戶更多的是傳統商業銀行覆蓋不到的長尾客戶，其風險和不確定性更大。這一趨勢使得其在日常經營過程中，機構和企業一方面存在傳統金融業務中的資金流動性風險，例如，根據市場上的公開數據，2012—2017年中國消費金融行業的不良貸款率處於上升趨勢，且上升速度明顯高於商業銀行。同時由於互聯網交易具有虛擬特性，導致平臺在經營過程中無法像傳統金融機構對信用數據進行層層風險把控，相較更容易出現期限錯配等問題，導致資金流斷裂，無法到期兌現的問題。

除了平臺內部因素，外部互聯網本身突發性和高傳染性的特徵，使得機構和企業之間的風險敏感度和傳導性增加，容易導致危機從一家企業蔓延到整體行業。例如2018年P2P網絡借貸平臺的頻繁「爆雷」，也是因為第一家平臺出現資金鏈斷裂問題導致市場恐慌，引發後續平臺發生連鎖風險反應。

三、監管體系尚不健全，存在法律風險

目前，共享金融在中國乃至國際都屬於新興事物，其發展在中國還屬於不斷摸索、發展階段，相應監管體系仍不夠完善。雖然至今已經出抬了不少相關監管政策，但因為其主要是依託於傳統金融監管體系而建立起來的，在實施過程中存在監管體制不匹配、操作性不夠強等諸多問題。

中國共享金融因為涉及行業範圍廣、業務類型比較多，普遍存在具有跨行業、跨機構及業務交叉性強的特點，使銀行、證券、保險、第三方支付、電商和核心企業間形成了一種以互聯網為基礎進行融合和交叉的混業經營方式，這自然出現了與當前分業監管模式的部分錯位、監管部門之間職權受限、劃分不清及溝

> 第三部分：未來依然任重而道遠

通協調不足等，就會導致不同業務的監管標準有所不同。因為較嚴格的監管必定會產生較高的融資成本，會導致從業者投機取巧，走寬鬆監管法律擦邊球去開發產品，勢必會將投資者暴露在風險之中。

加之，相關監管部門並不能全面掌控共享金融相關業務數據而及時採取有效對策，致使一些平臺或企業在業務營運中不斷突破監管臨界點，時常出現非正常套利行為或惡意鑽法律漏洞等現象。雖然中國共享金融各行業的相關法規已相應出抬，但由於中國互聯網金融目前的立法與相關監管機制仍處於起步階段與停滯狀態，一些牟利的不法分子利用監管中的疏漏，在向社會非特定對象吸收資金時，極易觸碰「非法集資」的法律紅線，造成極大的法律風險。

四、安全技術有待升級

共享金融的實現主要依靠大數據、雲計算、人工智能、區塊鏈等現代信息技術，技術安全、穩健是共享金融安全、穩定和健康發展的根基。但是對於一個計算機運行系統來說，因為其本身結構的龐大、複雜，加之結合金融自帶風險，因此面臨著一定的安全技術風險。

第一，由於互聯網網絡採用的是 TCP/IP 協議，該協議主要特點是力求簡單高效，而在安全因素上存在欠缺，因此大多數互聯網上的用戶個人信息加密程度不算特別高，在交易、信息傳輸過程中很容易被不法分子窺探和截獲。

第二，共享金融的核心在於數據，依靠各種加密手段來確保其數據的安全、真實和完整性是關鍵，而任意計算機硬件設備、操作系統或應用軟件的崩潰都會成為風險因子。一旦相關技術被破解或洩密，將會引發網絡安全的技術風險，如防火牆漏洞、遭受病毒或者黑客攻擊等都將可能導致信息洩露、指令錯誤甚至帳戶被盜，從而降低了用戶的平臺使用體驗感，導致用戶流失。

第三，共享金融業務的開展必須選擇一種技術解決方案作為支撐，因而存在機構因為技術選擇失誤而導致的風險。由於沒有及時跟上互聯網信息技術和金融科技的發展，導致風險控制模式相對落後、無法實現及時的迭代。這些因素給平臺帶來了商業機會的巨大損失。對傳統金融而言，技術選擇失誤的風險可能只是

局部的，只是導致了業務流程趨緩以及業務處理成本上升；而對從事共享金融業務的機構或企業而言，則可能失去全部的市場甚至失去生存的基礎。因此，必須提升共享金融參與主體的技術要求，增加技術風險防範能力。

第二節 來自國外的監管經驗

一、美國的監管經驗

作為全球互聯網信息技術最發達的國家之一，美國也是開展共享經濟、共享金融最早的國家之一。由於共享金融具有互聯網技術發展快速的特點，導致監管法律條款先天存在滯後性，目前的美國證監會（SEC）也未能針對該新興金融行業專門制定相應的監管法律框架。主要是以多部門聯合監管為主，針對具有互聯網特徵的金融行業，在現有聯邦監管法律的基礎上，針對共享金融行業監管存在的風險和漏洞進行修訂完善，以求新監管法律能夠涵蓋新興金融業務。

例如針對 P2P 網絡借貸平臺的監管，採取的就是實施多方監管的形式。由美國證監會與州一級證券監管部門共同負責維護平臺投資人利益，而安排聯邦存款保險公司與消費者金融保護局通過負責保護借款人的權益。P2P 網絡借貸平臺則需要將平臺每日借貸交易記錄、融資合同及風險揭示等信息報送美國證監會，接受其即時與實地監管。

另外，針對眾籌、消費金融等共享金融業務出抬了創業企業融資法案，如《JOBS 法案》《貨幣市場基金增補法案》《公允信貸報告法》《公平信貸機會法》等系列監管法規，內容中開放了眾籌股權融資，強制執行註冊登記制度與信息披露制度，並有針對性地設置結構性保護機制以維護投資者利益。

美國政府還非常看重金融數據基礎設施的建立。因為充分利用大數據、金融科技等先進技術去建立合適的風險控制模式，也是能夠很好控制共享金融潛在風險的。為此，在 2010 年美國政府通過了《多德—弗蘭克法》法案，使美國財政

第三部分：未來依然任重而道遠

部成立了一家名為「金融研究辦公室」的機構，用於專門收集各種金融數據以及負責制定相關數據的統計標準等事項，以方便相關監管機構能夠更高效、準確地提取所需數據，提高風險監控效果。

二、英國的監管經驗

英國作為 P2P 網絡借貸業務模式的鼻祖，也是世界上最早出拾和實施關於共享金融相關業務具體監管法律法規的國家。監管機制相對成熟，具有一定的代表性。目前英國的共享金融相關業務採取成立行業自律協會和英國金融政策委員會、英國審慎監管局、英國金融行為監管局共同擔負監管職責。以上四個機構實行分工合作、共同監管的原則，從行業的系統性風險監控到行業的業務經營監管，再到消費者權益保護多方面保證整個行業的健康運行。

在具體監管過程中，英國強調需要明確行業監管範圍及營運資本要求、必須設立相應的門檻限制和加強行業審核力度。因此於 2014 年 4 月，發布世界第一部 P2P 網絡借貸行業法案——《關於網絡眾籌和通過其他方式發行不易變現證券的監管規則》，內容中對交易過程中投資者和借款者的最低資本、融資利率、客戶資金管理、投資標的的流轉、信息披露、合格投資人和投資期限等各方面進行了細緻、明確的規定，確保將風險降至最低。

同時，法案還針對市場參與者對這類具有網絡虛擬特點的投資可靠性存在疑慮和擔憂問題。站在投資者角度，設定了投資者 14 天冷靜期，即 14 天內可以取消投資而不受任何限制或承擔任何違約責任。投資者在向公司投訴無法解決的情況下，可以通過金融申訴專員（FOS）投訴解決糾紛。

目前，英國金融行為監管局還創新推出監管沙盒（Regulatory Sandbox）概念，即企業申請將其共享金融產品和服務放在「監管沙盒」，沙盒以計算機語言，通過授予應用程序訪問權限，對產品或者服務提供運行測試，根據期限內風險程度、市場效果、適用群體等情況進行分析評估後，再決定企業或機構是否獲得該創新金融產品或服務的經營許可權。

三、歐盟其他國家的監管經驗

2009年，德國根據歐盟公布的《支付服務指引》要求制定出《支付服務監管法》法案。法案規定擁有電子貨幣牌照的機構可以允許開展第三方支付業務，這樣的規定使得第三方支付業務不再僅局限於銀行等傳統金融機構，鼓勵共享金融的發展；同時，該法案還允許歐盟範圍內的任何國家，其電子貨幣機構均可在德國開展業務，為德國提供與他國交流經驗、建立和行業內容相關的監管機制創造了良好環境。

此外，德國和英國的監管相似之處在於除了各政府部門各司其職、共同協作、共同監管外，都成立了行業自律性組織。該組織作為民間監管組織，被政府認可並授權批准能夠查閱涉及互聯網的金融各行業相關信息和數據。

法國儘管相較其他歐盟國家更晚才涉及發展共享金融的相關業務，但因為吸取了其他國家的監管經驗，建立起了較穩定和完善的金融監管體系，在對行業監管過程中起到了良好效果。其中，由法國金融市場監管局和法國金融審慎監管局各司其職、分業監管，分別對共享金融各業務經營秩序、透明度和相關經營企業的准入門檻、信息披露、流動性風險等方面進行嚴格監管。這種分業監管、協同合作的方式讓法國的共享金融業務實現持續健康發展。

以上可以看出，歐美針對依託互聯網發展的金融業務具體法案內容並非完全相同，各有千秋，但金融監管的本質不變，即給予多方的市場參與者以平等保護、有效防範風險、適度鼓勵金融創新與發展等，從而促進金融穩定，引導金融行業在互聯網渠道中的良性發展。

第三節　共享金融的監管建議

從共享金融屬性來看，因為是結合互聯網屬性的全新業務，相較傳統金融顯得更加自由化、競爭化。因此共享金融行業的監管一方面不可能跳脫原本金融行

> ## 第三部分：未來依然任重而道遠

業的監管原則，顛覆或者超越現有的法律監管體系；另一方面因為結合互聯網被賦予其典型風險特點，又需要考慮信息技術安全的風險管理。如此背景之下，監管最終需要實現的目標既需要維護好金融系統的穩定，防範系統性或區域性等各類風險的發生，也要保障互聯網安全運行，還要鼓勵創新，助推共享金融朝著便捷化、高效化發展。

一、加快信用體系建設，維護消費者權益

首先，共享金融交易特點在於每一次交易，平臺都能夠實現交易者信用記錄累積，經過長期交易累積，平臺會形成信用度良好用戶和信用度較差用戶。但也因為該因素導致平臺往往將本平臺獲取的交易者信用信息作為平臺競爭優勢之一，不管是信用良好還是較差的用戶信息其分享意願都不高。平臺這種封閉式的操作模式，加大了平臺彼此間的信用風險，違約的可能性提高。因此需要相關部門通過信用立法推進各平臺之間的信用信息對接，加強信用記錄、違約失信等信息的記錄與共享，由此降低平臺可能發生的信用危機。

其次，儘管目前央行徵信系統已經採集約9.9億自然人信息，但因為包括的交易類型有限，徵信分數還遠遠無法精準表現其個人的信用程度。加快完善國家個人徵信體系和第三方徵信機構建設是目前的當務之急。完善的個人徵信體現，能夠使個人信用記錄在更多的場合開展應用，從而降低信貸風險，擴大信用貸款的範圍。

再次，鑒於中國國民的金融知識程度普遍不高，相關政府部門應該出抬金融產品和服務相關信息披露規定，提高其信息透明化程度。例如針對融資意圖、借款期限、實際利率、借款額度、各項服務費率及借貸雙方各自相應承擔的義務和享有權益都應該進行充分、詳細說明，並通過條款約束，禁止詐欺、惡意違約等行為。

最後，政府和平臺在加強消費者金融常識普及的同時，建立消費者投訴和違約救濟機制。需要通過互聯網、移動設備、電視、廣播等多渠道充分宣傳基本金融知識，讓消費者在理解金融風險的同時能夠理性投資和負債。對於已經出現爭

端問題的，建立投訴受理機構和違約救濟機制，讓消費者權益得到充分保護。

二、規範市場經營秩序

在缺乏足夠風險意識和約束條款下的行業競爭終將導致市場的逆向選擇，出現「劣幣驅逐良幣」現象，損害正當經營平臺的同時，妨礙真正共享金融的良性發展。共享金融平臺可以學習外國管理經營，加強行業自律自覺降低營運風險。各行業平臺自覺做好平臺用戶的職業、財務狀況、風險偏好等調查；貫徹落實平臺負責項目標的交易、項目風險管理和清算，定期執行信息披露，從而實現對於風險程度的把控，提早規避風險。

積極落實，優化第三方存管機制。明確規定第三方存管機構是否取得 P2P 網絡借貸交易的交易數據；共享金融平臺對自有資金和交易雙方資金完全隔離管理；明確存管機構和平臺雙方的權利義務、責任邊界。從而讓平臺真正與客戶資金隔離，減少「期限錯配」「資金池」等問題。

平臺可以利用金融技術建立起金融風險預警機制，針對不同項目和資產類別使用大數據結合場景應用分析得出不同的金融風控方法，在對借款人信用程度進行精準描述之外，項目本身的潛在風險也更加透明化，提升規避風險的能力。同時，共享金融平臺在經營過程中還應該密切留意行業發展趨勢和潛在風險發生的可能性，盡可能減少受到同行業衝擊的影響。

三、完善共享金融法律法規，建立多維度監管機制

共享金融是建立在供需雙方相互信任的基礎上完成的金融交易，可以說當信任坍塌，交易也就會蕩然無存。因此，完善共享金融法律法規體系建設，針對具體共享金融業務出抬相應監管措施，進行多維度監管是促進共享金融持續良好發展的重中之重。

儘管國家相繼出抬《網絡借貸信息仲介機構備案登記管理指引》《互聯網金融個體網絡借貸資金存管系統規範》徵求意見稿以及《中國銀保監會辦公廳關於推動供應鏈金融服務實體經濟的指導意見》等一系列監管政策，對出借人資金

> 第三部分：未來依然任重而道遠

來源合法、平臺運行和存管人進行了風險監測，也僅是行業合規開始的第一步。隨著物聯網金融和區塊鏈金融等模式的出現，現有監管部門出抬的法律法規是不足以規避共享金融中的法律風險。只有通過建立多維度監管機制，提供平臺的風險防範能力，才能避免不法分子利用法律漏洞進行非法圈錢等犯罪行為。

一方面，由於共享金融各類業務經營範圍的分界線模糊，商業銀行、P2P平臺、電商和核心企業之問的業務聯繫緊密，可以借鑑國外監管經驗，建立分業監管、混業協同監管的多維度創新監管方式。通過法律明確共享金融統一監管主體部門；再在明確監管主體部門的基礎上，針對共享金融的不同業務性質進行界定，建立各類業務的自律性組織和具體業務監管法律法規。

例如，加強P2P網絡借貸，對消費金融平臺的信息披露，用法律約束強制要求即時數據接入，對不進行全面信息披露或者不實披露的機構進行清退，早日完成備案工作；通過法律法規強制要求股權眾籌融資只能通過合法平臺進行，還可以考慮借鑑美國的股權眾籌豁免規則，在明確股權眾籌合法性的基礎上，設立適合中國國情的股權眾籌豁免規則；明確供應鏈金融中的核心企業職責，用法律保證其交易背景真實性，嚴防虛假交易、虛構融資、非法獲利現象；從保護投資人權益角度出發，建立適當天數的交易冷靜期等。

另一方面，建立共享金融各類業務平臺的市場准入門檻及退出機制。不同於傳統金融機構的准入條件，監管主體應該根據共享金融自身「微、眾、簡」的特點，制定合理科學的行業准入門檻標準，逐步明確交易內容各項指標，包括註冊資本、平臺技術支持水準、業務流程和投資人的權益等內容。

從更大層面上看，從傳統金融發展到共享金融，該轉變也是社會包容性提升的具體體現。讓更多人分享發展成果，實現普惠金融，需要政府秉持包容審慎的監管理念，在實踐中不斷完善相關法律法規政策，共享金融就能夠更快地朝著公平性和普惠性的方向發展。

四、優化安全保障體系

進一步優化共享金融安全保障體系，保證金融基礎設施的平穩運行是保證共

享金融能夠持續進行創新和健康發展的基礎。由於共享金融自身特徵導致其既存在金融風險，還存在潛在的網絡風險，隨著移動支付的範圍不斷擴大，平臺還應該緊跟互聯網技術的發展，加大指紋、人臉識別等安全級別更高的支付技術滲透率，優化信息安全系統的運行環境，提升信息安全系統的穩定性以及面對病毒、黑客入侵時的防禦能力，降低投融資者的個人帳戶信息與資金的安全風險。

進一步完善技術認證機構、資信評估機構、行業協會、企業安全聯盟等銀行金融服務機構的金融安全體系，基於真實準備的信息數據建立穩定安全的互聯網平臺。建立共享金融網絡的身分認證信息庫，關聯「支付寶」「微信」「雲閃付」和「京東」等帳號，全面實現交易者的身分認證，提升交易安全性。

充分利用好互聯網信息技術、大數據、雲計算和金融科技，積極開發支付、交易系統，提高本土的系統自主知識產權比重，減少對技術外包依賴，不斷降低技術引進帶來的風險，保護機構及行業的金融安全的同時，定期評估信息安全保障系統運行情況，確保系統正常運行。

> 第三部分：未來依然任重而道遠

第六章　共享金融的未來發展

近幾年，隨著互聯網技術的普及和移動智能終端的興起，我們生活中已經頻繁出來了以各種形式表現「共享」理念的經濟行為，共享經濟已經逐漸從最初單純的閒置商品共享延伸到交通出行、服務、房屋住宿、物流、知識和數據等各種經濟領域的共享。隨著人類對能源開發、利用效率的大幅度提升，共享經濟已經成為當前經濟的主流。而由共享經濟向金融領域的滲透，應運而生的「共享金融」也為未來金融的發展指引了一個清晰的方向。

伴隨著人類的發展，金融市場的演進也不曾停息，新的消費理念產生，新的科技變革出現，新的金融政策出抬，都會對金融各領域產生不同影響。因此，隨著共享金融的出現，我們的金融行業也產生了新業態。這看似偶然，其實是必然，因為金融市場是一片競爭激烈的藍海，它一直在不斷地淘汰那些自身存在缺陷、不適應新金融環境的金融企業、金融模式。未來，共享金融將會本著「大眾參與」的核心理念，不斷優化金融資源的配置，助推普惠金融的發展。

第一節　金融數據共享程度不斷提高

2016年9月，中國互聯網金融協會啟動「互聯網金融信用信息共享平臺」，至今已有包括「螞蟻金服」「京東金融」「愛錢進」「宜人貸」等160餘家從業機構接入信用信息共享平臺，基本實現了對開展個人借款業務的網貸、網絡小貸、消費金融等會員機構的全覆蓋。2018年2月22日，中央銀行網站公示百行徵信（即信聯）經營個人徵信業務的許可信息，國內第一張個人徵信牌照終於落地。由此可以看出，金融數據的共享正在對我們的金融業發展產生深刻影響，如果說

金融是實體經濟發展的血液，那麼金融數據就是金融運行的血液。

在移動互聯網時代，用戶對金融機構或平臺提供的金融服務需求已經不僅僅局限於基本的支付、存儲和財富管理。隨著個性化消費習慣的轉變，越來越多的消費者在金融服務便利、快捷、高效以及低成本方面有了更多的需求，顯然這是金融機構依靠傳統金融產品和服務無法滿足的。所謂共享，是指能夠讓閒置金融資源在金融市場上盡快自主完成匹配，這也是共享金融發展的初衷。如今，金融行業由移動化、網絡化向數據化、智能化趨勢發展，也有助於共享理念的加速發展。

傳統金融機構往往很少向外共享數據，這是對客戶及其財產信息的保護作用，但是這種封閉信息數據則常常導致在提供金融服務時候不夠快捷，用戶體驗感差。而在共享金融運作過程中，商業銀行、保險公司、互聯網平臺、電商和核心企業等機構之間的金融業務邊界越來越模糊。在相互間壁壘逐漸打破且業務關聯度日益密切的發展趨勢下，傳統模式發展空間會縮小，需要通過金融數據的共享來大幅降低各種金融業務互動與合作的成本，在機構提升自身競爭力、實現協同效應的同時，讓用戶能夠方便快捷地選擇自己所需要的產品，更加合理有效地安排自己的資金，提高其體驗感和滿意度。

傳統金融服務效率低、成本高和難以覆蓋社會長尾群體的根本原因在於徵信數據不完善、金融機構與交易用戶之間的信息不對稱。數據獲取能力、數據處理能力和數據輸出能力決定了金融機構提供的產品和服務質量、效率和安全性。金融數據的共享在一定程度上有助於擴大金融機構的數據規模，不同業務平臺的數據來源也能使數據類型更加多元化，完善社會徵信體系。金融機構得以從多維度、更全面地判斷用戶的信用等級與信用水準，節約大量風險控制成本的同時，顯著提高風險識別能力，降低信用風險。

金融數據共享的實現並非一朝一夕就能完成，美國徵信體系也是花了近百年時間才得以建立。金融數據共享剛剛起步，各個參與主體面臨的商業可持續性、技術更新等挑戰都不容小覷。除了讓每家參與機構能以開放的心態去接受這場變革，有關數據隱私和信息安全的問題也不容忽視。特別是許多傳統金融機構帳戶

> **第三部分：未來依然任重而道遠**

交易都包含極其敏感的數據，任何披露失誤都會影響到其品牌聲譽。因此，政府監管也必須起到一個先行引導的作用，平衡各方利益，設定數據共享標準，統一共享規範。尤其是用戶的利益必須得到保證，對此，監管者一定要做好責任方的職權劃分。

相信未來在政府和相關機構的相互協作下，金融機構積極擁抱金融數據共享，拓展共享數據覆蓋範圍，提升金融數據共享程度，是共享金融發展的必經之路。

第二節　金融科技助推共享金融發展

近些年來，金融科技產業創新主要圍繞人工智能、區塊鏈、雲計算、大數據和生物識別五大核心技術展開，結合自身經營技能，將技術應用於具體場景，為中小銀行發展提供五大利器，助力共享金融發展。

隨著信息技術、互聯網等新興技術的發展及其在金融領域的廣泛應用，金融科技正在突破傳統「瓶頸」，專注服務於金融效率需要提高的產業，助推共享金融持續性發展。金融科技可以理解為包括大數據、雲計算、移動互聯、區塊鏈、人工智能和生物識別等核心科技手段。在經歷了早期「信息技術+金融」的 1.0 階段、電子金融渠道應用的 2.0 階段以及科技企業加入金融市場的 3.0 階段後，從 2016 年開始，中國共享金融發展正逐漸從用戶流量驅動向金融科技驅動轉型。可以說，目前中國已經步入金融機構和科技機構加速合作、融合的 4.0 階段。

該階段的金融科技主要在於解決金融業務創新、交易的安全性與高效性以及技術的融合，讓市場的金融產品和服務更多是以數字化形式提供呈現。雖然中國金融科技仍處於發展初期，但會是一個持續性極長的發展趨勢。

金融科技這種提供更加公平、獨特創新供給的理念，是與共享金融內涵一脈相承的，協作之下能夠實現互利共贏。因此，相同共享理念之下，中國金融市場在力求變革中給予了金融科技快速發展的土壤。根據 2017 年中國金融科技企業

的營收總規模已經超過 6,500 億元的情況來看，艾瑞諮詢預計其規模將在 2020 年接近 2 萬億元。

當前，金融科技不僅通過支付清算、電子貨幣、風險控制等方面的創新對傳統商業銀行、保險和證券等行業產生影響，更是早已在供應鏈金融、消費金融、眾籌、P2P 網絡借貸等領域發揮優勢。正如我們所熟知的「支付寶」「芝麻信用」「銀鏈科技」和「開通金融」等金融科技基礎設施的完善、徵信大數據的累積和反詐欺模型的不斷迭代，才確保「螞蟻花唄」「京東白條」等信貸產品在市場上的安全投放，讓線上信貸市場規模逐日擴大。

由於傳統金融機構自身體制與技術的雙重限制，導致信貸服務往往很難覆蓋到社會長尾人群，這也一直是國家提倡發展普惠金融的根本原因，就是要解決弱勢群體融資難、融資貴的問題。金融科技企業的出現，可以利用其金融科技技術開闢互聯網平臺的獲客渠道；通過數據維度、風控模型及反詐欺模型等篩選，推送有信貸需求的尾部人群到傳統金融機構；通過這種更高效、更低風險和低成本的方式協助傳統金融機構將信貸服務覆蓋到中小微企業、個人創業者和農民中去，以此實現發展普惠金融的初衷。

此外，金融科技不同於傳統金融提供的服務業務，隨著金融節點的打通與連接，金融科技會將涉及金融資金鏈條的各個節點串聯在一起，包括屬於非金融的電商、核心企業、物流、交通、餐飲等領域。在金融科技創新助力下，金融與其他行業的邊界將日漸模糊，金融產品和服務將與消費者的生活場景聯繫得更加緊密，並通過持續交易累積起來的各項行為數據，經過大數據、雲計算的分析不斷優化其金融產品與服務，滿足社會需求。

換言之，金融科技的發展已經成為共享金融最重要的推動力，必將推動中國金融業發生深刻的變革。作為全新的研究領域和方向，「共享經濟背景下的共享金融」涵蓋了金融市場化、金融服務實體、互聯網金融、普惠金融等一系列金融演進的先進方向和理念，金融科技更是與共享金融「你中有我，我中有你」，得到了業界和監管部門的高度重視。未來的世界信息繁雜而龐大，在不同的環境中能快速地獲取有用的知識和信息，並排除無效信息，是企業能夠更高效運作的關

> 第三部分：未來依然任重而道遠

鍵技術之一。隨著人工智能、區塊鏈應用的逐步推進，充分開發智能投顧、智能合約等全新的服務形式，擴大其在金融行業的覆蓋範圍，必將為金融行業帶來最新鮮的血液，助推共享金融的良性發展。

第三節　共享金融愈加場景化且垂直細分化

　　近年來共享經濟通過互聯網作為媒介的持續發展，已經從最早的交通、住宿領域不斷拓展到了知識、金融資源等領域，同時人們的消費習慣和消費觀念也發生了極大的變化，從線下消費到線上消費，從主流需求到彰顯個性的定制化需求，以往同質化嚴重的金融產品已經在市場上失去了競爭優勢，金融機構需要尋求新的突破。同時，隨著金融科技對中國金融行業改造的逐漸深入，傳統金融機構營運體系正在從一個封閉體系變革為一個開放體系，在監管層「脫虛向實」的號召下，借助金融科技優勢對消費者和市場的瞭解，共享金融正呈現愈加場景化的趨勢，同時場景化的多樣性也決定了其還會朝著垂直細分化不斷發展。

　　場景化是指金融產品和服務能夠融入人們的日常生活，簡單來說，就是用戶的偏好金融服務能結合用戶的生活實用場景，像水、電和外賣一樣，按照實際需求能夠及時、準確出現。用戶期望的金融服務是能帶來個性化和智能化的數字體驗。

　　當前，在從傳統金融趨於共享金融發展的過程中，變革為一個能有效地、全方位地為人民群眾尤其是貧困、低收入人口提供服務的金融體系是發展目標。金融機構只有依靠互聯網信息技術的發展，由被動轉為主動，從用戶的思維角度切實考慮社會的實際金融需求，為其提供金融產品和服務。因此在該背景下，未來共享金融的產品和服務將不再千篇一律，而是會主動從各個消費場景入手，向用戶靠攏，通過線上線下的深度融合，創新更多高效、便捷和低成本的金融產品與服務，真正將金融資源帶到消費場景生態圈中的每一個節點，服務於實體經濟。

　　特別是在當前中國經濟正面臨從「產品經濟」向「服務經濟」轉型之時，

挖掘深度場景化就需要深挖消費者的實際需求，分析使用產品或服務的場景以及在場景下各異的個性化需求，即消費不僅是買產品的背景原因，也是使用過程中的體驗、感受等更多維度和更深程度的附加價值。一方面可以將線下場景不斷平移到線上，通過互聯網化、移動化、便捷化，將金融服務嵌入這些創新線上線下相結合的場景中，使消費者在購物中提升體驗度，也與消費者加強了黏性。另一方面還可以金融模式的相互結合將多種共享金融模式相結合，設計出全新的場景模式。例如消費金融和互聯網保險相結合，將保險中獲取的收益通過場景的搭建以商品的形式兌現，從橫向不斷擴張場景化類型，優化產品和服務水準。

當場景化發展到一定的廣度，普惠金融觸達到足夠人數的長尾人群、徵信體系日趨完善的時候，消費者對於產品的需求點就會從單純的產品質量轉變到對於產品個性化的服務。而這種用戶個性化服務的背後是利用金融科技手段對長尾人群再進行垂直細分，針對不同消費人群，提供不同的個性化產品和服務。

共享金融的場景垂直化是指，針對不同行業或地區提供不同的針對性的金融產品。細分化是指，經過垂直分類後的某一行業還可以根據消費者明顯的不同特徵，如年齡、性別、職業、風險偏好等，將該行業內的人群再劃分為若干個消費者群體。因此，共享金融在將來發展中根據不同消費領域的特徵、用戶群體的差異化設計，提供出更具有個性化和精準性的金融產品與服務。同時通過更加垂直細分化的金融產品與服務累積更大規模的用戶交易方式、風險偏好、體驗反饋等數據信息，通過金融科技幫助，從銷售方式、定價模式、交易渠道、風險把控進行進一步垂直細分，使得金融產品與服務能夠覆蓋範圍更廣的長尾群體。

在共享金融愈加場景化、垂直細分化的趨勢下，未來的互聯網還會湧現出更多針對垂直細分化後的場景進行服務的中小型平臺，提供更大差異化、符合實際市場需求的產品和服務，解決實體經濟發展中的痛點。

第三部分：未來依然任重而道遠

第四節　線上線下的融合日益緊密

　　從本質上講，共享金融是人人皆可參與且平等、包容、具有分享性質的核心理念。它這種在互聯網發展背景下形成的創新模式，為傳統金融業務無法覆蓋、服務的長尾人群需求提供了一種補充的模式，通過將資金供給繞開商業銀行體系，直接輸送給需求方和融資者，完成資金的體外循環。

　　儘管目前主要依靠線上發展的共享金融規模持續增長，但線下傳統金融機構及其產品與服務依然占據市場的主導地位。即使從長遠來看，線上金融模式比重將會持續提升，但傳統金融機構也正在共享經濟發展的倒逼與推動下不斷注入更多具有互聯網特徵的元素，注重金融產品和服務的快捷性、定制化與體驗感。線上平臺也開始逐漸連接越來越多的地下場景，對於金融服務來說，這種線上平臺與線下平臺融合將會日益緊密。

　　接下來，線下金融機構利用其金融資源和用戶群體龐大的優勢，將會充分運用金融科技開發、拓展線上業務，以便利、快速、安全性高和降低門檻為產品、服務特點，滿足用戶的差異化需求，維持用戶黏性。

　　線上金融平臺和電商則會不斷向線下滲透，從線下各類融資、消費場景切入，增加獲客渠道。同時因為線上優勢在於能夠突破時間和空間的限制，所以線上業務在向線下滲透的時候，從移動端切入也是必然選擇。未來的線上平臺往線下擴展一方面可以考慮從金融數據入手，展開線上線下金融數據的累積與整合，形成有效數據資源，完善信用體系，提供風險把控水準，降低自身的經營風險；另一方面也可以開展線下渠道合作，與傳統金融機構進行相反的操作，通過與各類線下需要金融資源和服務的渠道商合作，將線上的金融產品與服務沉入到線下各類場景中，擴大經營規模。

　　由此可以看出，線上線下融合越加緊密的模式是未來的發展必然趨勢。也只有當前共享金融模式與傳統金融模式共存，相互融合，才是共享金融發展塑造出

的新興金融生態圈，真正體現共享的「人人為我，我為人人」的內涵價值。同時，通過這種線下線下緊密結合的方式，為世間大眾提供便捷、高效、低風險、低成本和全方位的一站式金融服務，穩步提高城鄉金融服務覆蓋率、可得性和滿意度，才是真正意義上實現了普惠金融。

主要參考文獻

[1] 楊濤. 以共享金融應對發展困境 [J]. 農村金融研究, 2016 (5): 7-11.

[2] 姚餘棟. 共享金融的典型形式是 P2P 和互聯網眾籌 [N]. 上海證券報, 2015-09-23.

[3] 李博, 董亮. 互聯網金融的模式與發展 [J]. 中國金融, 2013 (10): 19-21.

[4] 姚黎明. 金融共享: 超越公平與效率之爭的財富運動公平機制 [J]. 雲南財經大學學報, 2019 (04): 11-16.

[5] 李琳璐. 國外互聯網金融監管對中國的啟示 [J]. 財會通訊, 2017 (36): 116-119.

[6] 林利文. 股權眾籌及其監管 [J]. 清海金融, 2018 (2): 42-46.

[7] 王龍君. 關於「共享經濟」與「零邊際成本社會」的思考 [J]. 湖北科技學院學報, 2018 (8): 17-20.

[8] 傅培華, 沈浩婷. 基於互聯網的供應鏈金融研究綜述 [J]. 物流技術, 2019 (1): 1-7.

[9] 張怡, 陳曉晨, 陳妍, 等. 互聯網保險平臺商業模式的研究 [J]. 福建電腦, 2019 (1): 6-11.

[10] 蔡達. 中國金融基礎設施建設的現狀、問題和對策研究 [J]. 現代管理科學, 2019 (1): 45-47.

[11] 王媛, 毛敏. 中國電商平臺供應鏈金融融資模式研究 [J]. 物流工程與管理, 2019 (3): 75-78.

[12] 朱開蒙. 淺談國外互聯網金融的監管 [J]. 延邊教育學院學報, 2019 (4): 87-89.

[13] 耿聰. 互聯網金融背景下消費金融發展研究［J］. 經濟研究，2019（5）：38-40.

[14] 付苗苗. 從「相互保」到「相互寶」的思考［J］. 中國保險，2019（6）：23-27.

[15] 雷切爾·博茨曼，路·羅杰斯. 共享經濟時代，互聯網思維下的協同消費商業模式［M］. 唐朝文，譯. 上海：上海交通大學出版社，2015.

[16] 阿魯·薩丹拉徹. 分享經濟的爆發［M］. 周恂，譯. 上海：文匯出版社，2017.

[17] 克萊·舍基. 人人時代：無組織的組織力量［M］. 胡泳，沈滿琳，譯. 杭州：浙江人民出版社，2015.

[18] 邰鵬. 社交金融：共享經濟時代金融新格局［M］. 北京：企業管理出版社，2016.

[19] 姚餘棟，楊濤. 共享金融：金融新業態［M］. 北京：中信出版集團，2016.

[20] 楊才勇，嚴寒. 互聯網消費金融模式與實踐［M］. 北京：中國工信出版集團，2016.

[21] 張玉明. 共享金融學［M］. 北京：科學出版社，2011.

[22] 吳曉波頻道. 2018新中產白皮書［R/OL］.（2018-10-18）［2019-09-14］. https://www.sohu.com/a/260322807_99974387.

[23] 艾瑞諮詢. 2017年中國共享經濟行業及用戶研究報告［R/OL］.（2017-08-16）［2019-09-14］. http://www.199it.com/archives/623159.html.

[24] 艾瑞諮詢. 2018年中國小微企業融資研究報告［R/OL］.（2018-12-06）［2019-09-14］. http://www.199it.com/archives/803805.html.

[25] 艾瑞諮詢. 2018年中國互聯網消費金融行業報告［R/OL］.（2018-01-12）［2019-09-14］. http://www.199it.com/archives/674581.html.

[26] 易寶研究院. 2018年消費金融行業發展研究報告［R/OL］.（2018-09-13）［2019-09-14］. http://www.199it.com/archives/771013.html.

［27］信和研究院. 2018供應鏈金融及商業模式研究報告［R/OL］.（2018-09-04）［2019-09-14］. http：//www. 199it. com/archives/767521. html.

［28］艾瑞諮詢. 2018年中國供應鏈金融行業研究報告［R/OL］.（2018-11-18）［2019-09-14］. http：//www. 199it. com/archives/797240. html.

［29］艾瑞諮詢. 2018年中國金融科技發展現狀研究——以愛財集團為例［R/OL］.（2018-02-18）［2019-09-26］. http：//www. 199it. com/archives/694152. html.

［30］艾瑞諮詢. 2018年中國小微企業融資研究報告［R/OL］.（2018-12-06）［2019-09-27］. http：//www. 199it. com/archives/803805. html.

［31］艾瑞諮詢. 2019全球智能理財服務分級白皮書［R/OL］.（2019-07-10）［2019-09-27］. http：//www. 199it. com/archives/903849. html.

［32］中國互聯網絡信息中心. 第43次《中國互聯網絡發展狀況統計報告》［R/OL］.（2019-02-28）［2019-10-14］. http：//www. cac. gov. cn/2019/02/28/c_1124175677. htm.

［33］艾瑞諮詢. 2019年中國互聯網保險行業研究報告［R/OL］.（2019-06-27）［2019-10-14］. http：//www. 199it. com/archives/898294. html.

［34］國家信息中心分享經濟研究中心. 中國共享經濟發展年度報告（2019）［R/OL］.（2019-03-01）［2019-08-14］. http：//www. sic. gov. cn/News/568/9906. htm.

［35］We Are Social & Hootsuite. 2019全球數字報告［R/OL］.（2019-02-14）［2019-10-14］. https：//baijiahao. baidu. com/s? id = 1625417735758826177&wfr = spider&for = pc.

［36］艾瑞諮詢. 2019年中國互聯網金融行業監測報告［R/OL］.（2019-07-25）［2019-10-14］. http：//www. 199it. com/archives/899568. html.

［37］烯易. 2019互聯網眾籌行業研究報告［R/OL］.（2019-02-21）［2019-10-20］. https：//www. douban. com/note/707652711/.

國家圖書館出版品預行編目（CIP）資料

共享金融：由中國掀起的共享創新 / 周婧玥 編著. -- 第一版.
-- 臺北市：財經錢線文化, 2020.06
　　面；　公分
POD版

ISBN 978-957-680-445-8(平裝)

1.合作經濟 2.產業發展 3.產業政策

559　　　　　　　　　　　　　　　　　　　　　109007480

書　　名：共享金融：由中國掀起的共享創新
作　　者：周婧玥 編著
發 行 人：黃振庭
出 版 者：財經錢線文化事業有限公司
發 行 者：財經錢線文化事業有限公司
E - m a i l：sonbookservice@gmail.com
粉 絲 頁：　　　　　　網　址：
地　　址：台北市中正區重慶南路一段六十一號八樓 815 室
8F.-815, No.61, Sec. 1, Chongqing S. Rd., Zhongzheng
Dist., Taipei City 100, Taiwan (R.O.C.)
電　　話：(02)2370-3310　傳　真：(02) 2388-1990
總 經 銷：紅螞蟻圖書有限公司
地　　址: 台北市內湖區舊宗路二段 121 巷 19 號
電　　話:02-2795-3656 傳真:02-2795-4100　　網址：
印　　刷：京峯彩色印刷有限公司（京峰數位）

　　本書版權為西南財經大學出版社所有授權崧博出版事業股份有限公司獨家發行電子書及繁體書繁體字版。若有其他相關權利及授權需求請與本公司聯繫。

定　　價：299元
發行日期：2020 年 06 月第一版

◎ 本書以 POD 印製發行